Anselm Weyer

Wie die ruchlosen Brüder Heitger und ihre Spießgesellen eine Blutspur durch halb Deutschland zogen

Anselm Weyer

Wie die ruchlosen Brüder Heitger und ihre Spießgesellen eine Blutspur durch halb Deutschland zogen

Greven Verlag

Für

Fluchtwagenfahrerin Kerstin,
unsere Komplizen Jomi und Morten
und Gangsterhund Meilo.

Erster Teil

Wildwest an Rhein und Ruhr. Die furiose Flucht der Heitger-Bande

Wie die Heitgers

Brüllend und aus eingebildeten Pistolen wild um sich schießend liefen die Kinder durch die Kölner Straßen, rannten mitunter versehentlich Passanten um oder verbarrikadierten sich in irgendwelchen Ecken und Hinterhalten, um sich Gefechte zu liefern.

»Na, spielt ihr Räuber und Gendarm?«

»Wir spielen Heitgers und Schupo!«, war die atemlose Antwort.

Fasziniert von den Brüdern Heitger, die vielen als die entsetzlichsten Menschen ihrer Zeit galten, waren Ende der 1920er-, Anfang der 1930er-Jahre nicht nur Minderjährige in Köln und Umgebung. Die piepten bloß mit wohligem Schauer, was die Alten pfiffen. Jegliches sensationelle Verbrechen wurde seinerzeit mit den legendären Untaten der Heitgers verglichen. Sogar die Kriminellen selbst zitierten sie als Vorbild.

Als beispielsweise der 19-jährige Kaufmann Fett im November 1928 früh morgens volltrunken in seine Wohnung in Kassel heimkehrte, stürmte er mit Revolver ins Schlafzimmer seiner Pflegeeltern und drohte, sie zu erschießen. Seinem Pflegevater gelang es, dem Tobenden die Waffe aus der Hand zu schlagen und gemeinsam mit seiner Gattin zu flüchten. Fett rannte nun mit Dolch durch das Haus, dessen Bewohner sich, nur notdürftig bekleidet, auf die Straße retteten. Schließlich fand Fett den Revolver wieder und bedrohte die Straßenpassanten. Als das Überfallkommando anrückte, zertrümmerte er die Kücheneinrichtung und errichtete damit eine Barrikade, aus der er unausgesetzt Schüsse abfeuerte und tatsächlich vier Polizeibeamte verletzte. Es dauerte, bis das Bollwerk des Tobsüchtigen eingenommen und dieser gefesselt werden konnte.

Wieder nüchtern, erklärte er auf der Wache, übermäßiger Alkoholgenuss und Erzählungen von den Bluttaten der Gebrüder Heitger hätten ihn in die Wahnvorstellung versetzt, selbst Johann Heitger zu sein.

Derlei Vorkommnisse ließen den berühmten Kölner Psychiater Professor Gustav Aschaffenburg beim Deutschen Richtertag im September 1929 ans Rednerpult im Kongresssaal der Kölner Messe treten. Der leitende Arzt der Irrenanstalt Lindenburg, Autor des Standardwerks *Das Verbrechen und seine Bekämpfung*, kritisierte vor fast 900 Zuhörern am Beispiel der Heitgers die verheerenden Folgen einer Presse, die, wie er sagte, »allzu sehr der Sensationslust der Zeit nachgeht«. Es mochte wohl sein, dass in der Geschichte des Menschen kein Kapitel unterrichtender für Herz und Geist sei als die Annalen seiner Verirrungen. »Aber«, so appellierte er eindringlich, »wir müssen doch überlegen, Berichterstattung über solche Gesetzlose und ihre Schandtaten zu unterlassen. Ich lasse gerade von einem Studenten eine Arbeit anfertigen, die systematisch untersuchen soll, inwieweit Verbrechen auf sensationelle Berichterstattung zurückzuführen sind. Die enormen Gefahren, die aus dem Lesen sensationeller Dinge entstehen, wirken sich besonders in kriminellen Verfehlungen der Gewalttätigkeit und in Sexualverbrechen aus. Wenn ich die Wahl hätte, so würde ich auf jedwede Gerichtsberichterstattung verzichten, so groß erscheint mir die Gefahr, die aus der Möglichkeit einer sensationellen Berichterstattung erwächst.«

Die Brüder Heitger als Vorbild vermutete die Presse, als der Einbrecher Joseph Schwartz Ende Dezember 1928 im mährischen Olmütz durch die belebten Straßen vor der Polizei flüchtete, unausgesetzt mit seiner Pistole feuernd, bis er sich in einer Wohnung im dritten Stock eines Hauses verbarrikadierte. Nach längerem

Schusswechsel versuchte er sich mittels zweier zusammengeknüpfter Bettlaken aus dem Fenster abzuseilen. Weil die Leinentücher aber nicht bis zum Boden reichten, hangelte er sich an den Polizisten im Treppenhaus vorbei zur Zahnarztpraxis in der zweiten Etage, wo er den Mediziner und dessen Assistentin mit seiner Waffe in Schach hielt. Dann sprang er, wieder begleitet von Schusswechseln, tollkühn von Dach zu Dach, hinunter in den Haushof und dann in eine nahe Bäckerei. Hier abermals eingekesselt, hielt er lange seine Stellung gegen die Polizei und Passanten, bis ausgerechnet ein Ballettmeister des Olmützer Stadttheaters Schwartz nicht nur seine Waffe zu entreißen vermochte, sondern ihn auch mit gezielten Schlägen auf den Kopf betäubte.

Als Verbrecherkämpfe à la Heitger charakterisierten die Zeitungen im Januar 1929 mehrstündige Gefechte der Brüder Barbulowitschin, die sich in einem Dorf bei Belgrad verbarrikadierten, bis das Militär ihren Unterschlupf schließlich anzündete. Als alle die Räuber schon tot wähnten, sprangen diese aus dem brennenden Gebäude, und wurden, selbst in Flammen stehend, erschossen.

1904 bis 1927

Vorspiel bei den Schatzgräbern

Lief man vom Bahnhof Altenessen zur durchaus berüchtigten Bergarbeitersiedlung nahe der Zeche Helene südlich die Hundebrinkstraße entlang und bog am Eck von Ledigenwohnheim, Sportplatz und Evangelischer Schule östlich in die Seumannstraße ein, ging dort schräg die Hohlmannstraße ab. Fast am Ende dieser Straße, bei der Eisenbahnüberführung, links neben einem Schlackehügel, überragt von den Schloten und Gebäuden der Zeche, wohnte seit 1920 im Haus mit der Nummer 40 die Familie Steinmann. Einen guten Ruf hatte sich der Bergmann Johann Steinmann als Arbeiter auf der Zeche Helene erarbeitet, die hier den Boden untergrub. Ihn hatte die Witwe Klara Anna Heitger, geborene Hübsche, in zweiter Ehe geheiratet und dabei neben ihren drei Töchtern auch zwei Söhne mitgebracht. Dass das Brüder seien, sehe ja wohl jeder Blinde, frotzelte die Nachbarschaft, die gleichen abstehenden Ohren und die gleichen großen Nasenlöcher. Steinmanns Stiefsöhne waren in der Siedlung bekannt und beliebt. Nie waren sie in Schlägereien oder andere Gewalttätigkeiten verwickelt. Regelmäßig sah man sie als gute Katholiken in der Kirche. Niemand konnte ihnen etwas Schlechtes nachsagen. Sie hätten wohl für das Muster guter Staatsbürger gelten können.

Johann Heitger kam am 13. September 1904, sein Bruder Heinrich am 28. Juli 1907 zur Welt, beide in Gelsenkirchen. Söhne kleiner Leute. Über ihre Kindheit, also die Zeit, bevor das begann, was Handlung genannt wird, ist wenig bekannt.

Obwohl ich natürlich weiß, dass die Leserschaft schillernde Charaktere liebt, möchte ich dennoch nichts erfinden – vor allem, weil so vieles in ihrer Geschichte wie ausgedacht wirkt und ans Unglaubliche grenzt. Ein Western in der Weimarer Republik: Alles beginnt im Westen, nahe den Bergwerken, wo nach dem schwarzen Gold gegraben wird. Die jugendlichen Outlaws rauben einen Geldboten aus, überfallen eine Bank und flüchten in die Berge. Sie brechen bei der Polizei ein, kidnappen eine Eisenbahn und haben zum Finale spektakuläre Shootouts am großen Fluss. Das ist alles in den Quellen überliefert. Aber wie soll das Unglaubliche wirken, wenn nicht klar ist, was man glauben darf? So versichere ich immerhin, dass ich hier keinen Tatsachenroman mit fiktionalen Bestandteilen vorlege, sondern ausschließlich versuche, das in eine gefällig erzählte Form zu bringen, was ich als Material in den Quellen gefunden habe – so sehr es mich zuweilen gereizt hätte, historische Lücken erfinderisch zu füllen. Auch stört es mich durchaus, dass die beiden Hauptfiguren zur Verwechslung einladen mit ihren distanzlosen Vornamen Hans und Heinz, passend allenfalls für ein Singspiel nach berühmtem Vorbild, geeignet für Märchenfiguren. Es muss dennoch bei Hans und Heinz bleiben, schließlich ist es deren Geschichte und soll nicht zu meiner Erfindung werden.

Keine differenzierten Psychogramme der Täter also, keine Anleihen bei Friedrich Schillers *Verbrecher aus verlorener Ehre*, bei Heinrich von Kleists *Michael Kohlhaas* oder Annette von Droste-Hülshoffs *Judenbuche*, die ja alle auf wahren Kriminalfällen basieren. Was aber lässt sich sicher über die Heitgers sagen? Aufgewachsen sind sie in jener unruhigen Zeit, die nur schwer unparteiisch ins Auge zu fassen ist. Eine Welt des Mangels. Eine Verfilmung ihrer

Geschichte könnte so beginnen: Die beiden Jungen stehen im Alter von zehn und sieben Jahren im Marienhospital in Gelsenkirchen am Krankenbett ihres Vaters. Dann verzweifelte Gesichter, als der Bergmann Heinrich Heitger 1914 mit gerade 41 Jahren stirbt. Von der privaten Trauer der Familie Schnitt auf aufgeregte Menschen, die von den sich überschlagenden Ereignissen der Weltpolitik sprechen – nur drei Tage später erklärte Österreich-Ungarn Serbien jenen Krieg, der in den Weltkrieg mündete. Dann eine Schnittfolge mit Hans und Heinz, wie sie Jahr für Jahr den Erfolgsmeldungen und Heldengeschichten von der Front lauschen und sehen, wie sich zu den allgegenwärtigen Invaliden des Bergbaus nun traumatisierte und verstümmelte Soldaten gesellen.

Quellen verraten, dass der 14-jährige Hans Heitger gerade seine Friseurlehre begonnen hatte, als die ersten Gerüchte vom Ende der Kämpfe und von der Befreiung der Arbeiter durchs Land hallten und weite Teile Deutschlands plötzlich aufjubelten und sich zu einer völligen Wiedergeburt bereit machten, weil die Monarchie, das Deutsche Kaiserreich in sich zusammenbrach. »Eine Zeitenwende«, könnte ein Arbeiter ihm und seinem Bruder mit bewegter Stimme erklären. »Endlich ändert sich was für die kleinen Leute.«

Sicher ist, dass Hans und Heinz nach der Hoffnung die Enttäuschung miterlebt haben. Im Ruhrgebiet hörte man schließlich vom niedergeschlagenen Spartakus-Aufstand in Berlin. Hatte die SPD da tatsächlich Rosa Luxemburg, Karl Liebknecht und andere Arbeiter niedermetzeln lassen und die Revolution unterbunden? Hatte da ausgerechnet die Arbeiterpartei verkündet, man wolle zurück zu geordneten Verhältnissen?

Mittendrin dürften die Halbwaisen auch im März 1920 gewesen sein, als wieder Aufregung in ihrer Nachbarschaft herrschte. Putschversuch in der Hauptstadt! Rechte Kräfte proben Aufstand gegen die Demokratie! Die Regierung ruft zum Generalstreik auf. Die Arbeiter im Ruhrgebiet legen die Zechen lahm. Die Heitgers waren Zeugen, als sich Arbeiter zur gewaltigen Roten Ruhrarmee formierten, um eine Diktatur oder eine Rückkehr zur Monarchie zu verhindern. Jeder im Ruhrgebiet kannte schließlich jemanden, der mittat. Der Putschversuch war schnell abgewehrt. Aber wer soll den Jugendlichen begreiflich gemacht haben, dass eben jene Reichsregierung, die panisch aus Berlin nach Stuttgart geflüchtet war, sich nun nicht mehr von den Militaristen und Monarchisten bedroht fühlte, sondern von ihren Rettern, die sie plötzlich als Bolschewisten beschimpfte? Zugegeben: Euphorisiert von der eigenen militärischen Macht, waren in Teilen der Ruhrarmee selbstbewusste Forderungen laut geworden. Nach sozialen Reformen. Nach mehr Respekt und Dank. Das weckte in der politischen Führungsriege Furcht vor einer Revolution nach russischem Vorbild. Schon Anfang April rückten auf Befehl der Regierung Reichswehr- und Freikorpsverbände an, um die Kämpfer der Ruhrarmee zu jagen und abzuschlachten. Kanonenschüsse und Maschinengewehrsalven erschütterten das Ruhrgebiet. Blut floss. Menschen starben. Die meisten nicht bei den bürgerkriegsähnlichen Scharmützeln, sondern nach den Kämpfen, verurteilt von nicht legitimierten Standgerichten. Wer mit Waffe in der Hand gefangen genommen wurde, den knallten die Freikorps einfach ab. Zur Rechenschaft gezogen wurde niemand. Als hätte sich neben dem gesetzlichen ein zweites Recht gebildet. Die Berliner Putschisten kamen allesamt glimpflich davon. Die Kämpfer und Toten der Ruhrarmee galten als die Vaterlandsverräter.

Als die Familie Steinmann im Putschjahr 1920 nach Altenessen zog, besuchte Heinz Heitger, der jüngere Bruder, noch die Volksschule. Ein beliebter Junge. 1921 wurde er mit ausgezeichnetem

Zeugnis entlassen. Betragen: Sehr gut. Und jetzt? Ein Wechsel von der Volksschule aufs kostenpflichtige Gymnasium war nicht vorgesehen. Also Bergmann? Sicher, er war jung, rüstig, wäre gewiss bald ein tüchtiger Knappe geworden, dann vielleicht Hauer, Steiger und immer höher hinauf. Aber es war ein gefährlicher Beruf. Wir dürfen uns vorstellen, wie die Brüder Heitger aufschrecken, als am 1. Juni 1922 eine riesige Explosion abends gegen acht Uhr, kurz nach Schichtende, die Gegend um die Wohnung der Steinmanns erschüttert. Wie die Nachbarschaft aus den Häusern eilt. Wo kam das her? Von der Zeche Amalie! Die hatte unter Tage ihre gierigen Stollenarme nach der Zeche Helene ausgestreckt, sodass die beiden unterirdisch verbunden waren. Die Heitgers werden auch durch Hohlmannstraße und Umgebung gerannt sein, wo alle Einwohner ihre Familienmitglieder, Nachbarn, Freunde und Kollegen nachzählten und sich Stück für Stück mit immer genaueren Nachrichten versorgten. Kohlenstaubexplosion. Noch mindestens dreißig bis vierzig Bergleute unten. Chancen stehen schlecht. Die Hauptrichtstrecke war voll mit Wagen, alle mit Kohle beladen. Reiche Nahrung für die Explosion. Mit allen anderen hören die Heitgers, wie nach einigen Stunden die ersten drei Toten geborgen und beklagt werden. Dann 13 Tote. 18 Tote. Namen kursierten. Der Steiger Friedrichs. Die Hauer Willimowski und Krohnke. Der Lehrhauer Schreiner. Nach und nach wurden sie in der Leichenhalle der Zeche aufgebahrt. Der Hauer Rakowitsch. Die meisten seien wohl durch die giftigen Schwaden zu Tode gekommen oder durch die einbrechenden Gesteinsmassen erschlagen worden. Die Schlepper Rehfeld, Kuczek und Weingefeld. Dazwischen Glücksmeldungen. Zwei Vermisste hatten sich in Sicherheit bringen können und es über den Schacht Helene nach oben geschafft. Schon gehört? Vom Bergarbeiter, der nach der Explosion die ganze Nacht bewusstlos in der Nähe der Unglücksstelle lag. Als er wieder wach wurde, fand er neben sich doch zum Glück seine Grubenlampe, schaffte es zurück zum Schacht.

Dreiundzwanzig Särge waren schließlich in der schwarz ausgeschlagenen Trauerhalle des Zechengebäudes aufgebahrt. Nachdem der Männergesangsverein Konkordia ein Lied intoniert hatte, wurden die Särge auf die Wagen gehoben – immer vier auf einen. Zwischen den Wagen die jeweilige Trauergemeinde, am Ende die Geistlichen beider christlicher Konfessionen. Dann bahnte sich der hierarchisch gegliederte Trauerzug, Zehntausende Köpfe stark, bei strahlendem Pfingstsonnenschein seinen Weg durch die Menschenmassen zum Friedhof Segeroth. Und irgendwo in der Menge wohl auch die Heitgers. Die Laternen an der Zufahrtsstraße waren schwarz umflort. Schutzpolizei hoch zu Pferde und zu Fuß. Die Geistlichen hielten ihre Trauerreden, sprachen von den Gefahren, denen der Bergmann, der uns Licht und Wärme schaffe, ausgesetzt sei, und ermunterten die Hinterbliebenen, unter der Wucht des so jäh hereingebrochenen Unglücks nicht zu verzagen. Trauermusik erklang, als sich die Fahnen über die offenen Gräber senkten.

Blieben die Heitgers vielleicht auch nach diesem offiziellen Teil der Trauerfeier noch an den Gräbern, als sich jene versammelten, die als Vertreter radikalpolitischer Arbeitereinrichtungen galten? Dann hätten sie noch Reden gehört, die den Tod ihrer Kameraden in politischen Kontext setzten, die Ungerechtigkeit der Verhältnisse anprangerten.

»Wacht auf, Verdammte dieser Erde, die stets man noch zum Hungern zwingt!«, könnten sie am Grab mitgesungen haben: »Heer der Sklaven, wache auf! Ein Nichts zu sein, trägt es nicht länger, alles zu werden, strömt zuhauf.«

Verbürgt ist, dass Johann Heitger derweil Freundschaft mit einem Jungen aus der Nachbarschaft schloss: Karl Lindemann. Auch über ihn ist wenig überliefert. Wohl im sächsischen Wolmirsleben geboren, wenngleich ein Eintrag im dortigen Geburtenregister nicht zu finden war. Er war als Zweijähriger gemeinsam mit seinen Eltern nach Essen gekommen, besuchte hier bis zum 13. Lebensjahr die Volksschule und fing 1918 als Arbeiter bei einem Bergwerksunternehmen an. Für drei Mark am Tag. Nach Ostern 1921 wurde er Klempnerlehrling auf der Zeche Helene. Ertappt, wie er einige Messinghähne mitgehen ließ, übergab man ihn der Arbeitslosigkeit. Daraufhin wollte er zur Marine, doch die lehnte ihn ab. Seine Eltern verweigerten ihm die notwendige Erlaubnis. Stattdessen arbeitete er bis November 1922 in Düsseldorf bei einem Dachdeckermeister und begab sich dann mit Freunden auf Wanderschaft. Schon nach acht Tagen war ihm das aber zu unbequem, erzählte er später selbst, sodass er zurückkehrte in den Haushalt der Eltern. Lindemann fühlte sich daheim aber nicht sehr wohl, schaute häufig bei den Heitgers vorbei.

Seine häufigen Besuche missfielen Stiefvater Steinmann.

»Lass ihn doch, zu Hause hat er auch keine Ruhe!«, habe ihn seine Frau damals beruhigt, berichtete Steinmann, als die ganze Geschichte vorbei war.

Eines Tages sei er, Steinmann, in den Stall hinter dem Haus gegangen und habe dort seine Jungs, wie er sie nannte, mit Lindemann angetroffen. Sie saßen oben auf dem Balken, hatten einen Dachziegel herausgenommen und ein Glas eingelegt, sodass sie genügend Licht hatten, um Kriminalgeschichten zu lesen. Einen ganzen Haufen hatten sie da. Kopfschüttelnd sei er wieder hinausgegangen.

Zusammen mit Lindemann wollte Hans Heitger Anfang 1923 auf Wanderschaft gehen. Ganz klassisch, bis runter nach Italien, wo die Zitronen blühn, so war der Plan. Kein Wunder, dass sie aus ihrer Welt ausbrechen wollten. Abermals drängte sich brutale Weltpolitik in ihr Umfeld. Zu Jahresbeginn 1923 waren die Franzosen ins Ruhrgebiet einmarschiert. Deutschland komme seinen Reparationsverpflichtungen nicht nach. Nun hole man sich, was Frankreich zustehe, verkündeten die Soldaten. Vom fernen Berlin hatte Reichskanzler Cuno da gebettelt, die Ruhrpottler sollten doch Patriotismus zeigen und passiven Widerstand leisten. Die deutsche Regierung komme für alles auf. Aber womit bezahlen? Deutschland druckte Geld, das kaum sein Papier wert war. War aber fast schon egal. In die hermetisch abgeriegelte Region gelangten nur noch wenige Waren. Allenthalben Hunger und Mangel. Und dann kam der Essener Blutsamstag, Karsamstag 1923. Morgens gegen sieben Uhr drangen französische Soldaten in die Wagenhalle der Gussstahlfabrik an der Altendorfer Straße ein, fußläufig keine Stunde von der Zeche Helene entfernt. Sie kamen, um Fahrzeuge zu konfiszieren. Diese aber waren unentbehrlich für den Betrieb. Wie ohne Autos Gelder für Lohnzahlungen oder Lebensmittel ausliefern? Der gesamte Bahnverkehr war lahmgelegt. Dampfsirenen schlugen Alarm, lockten erst Tausende, schließlich Zehntausende auf Krawall gebürstete Arbeiter herbei. »Siegreich wollen wir Frankreich schlagen« und »Deutschland, Deutschland über alles«, sangen sie. Hakenkreuzfahnen wehten. Die elf Franzosen gaben zunächst Schreckschüsse an die Decke der Vorhalle ab. Gegen elf Uhr schossen sie sich ihren Weg mit Maschinengewehren frei. Ein Blutbad. Dreizehn Tote. Sind wohl auch die Heitgers und Lindemann beim riesigen würdevollen Trauerzug zum Essener Südwestfriedhof mitgegangen? Wogen sie dabei die großen Katastrophen und Dramen ab gegen ihre kleine Suche nach Glück? Ich kann nur spekulieren. Zwei Tage später jedenfalls, am 3. April 1923, folgten Hans Heitger und Karl Lindemann dem Ruf des Abenteuers und brachen auf in die große Welt, in diesem Fall das unbesetzte Reichsgebiet. Sie fuhren mit der Bahn gen Süden nach Aschaffenburg, dann ging es weiter über Würzburg, Nürnberg und München bis zum Walchensee, nicht selten zu Fuß. Sie arbeiteten drei Monate in der Pflanzenkultur des Forstamts Einsiedel und gingen dann getrennte Wege. Lindemann kehrte im August 1923 heim, alldieweil Hans Heitger mit einem anderen Freund weiterzog. Doch das Abenteuer scheint ihn nicht erfüllt zu haben. Er war kurz vor Weihnachten 1923 zurück in Altenessen und knüpfte an die alte Freundschaft mit Lindemann wieder an. Daheim geändert hatte sich nichts. Das Ruhrgebiet war immer noch besetzt. Nur bei der Sache mit dem Streik hatte die deutsche Regierung irgendwann klein beigegeben. Zu teuer. 1925 war der Spuk vorbei, und die Franzosen zogen ab. Aber die Toten blieben tot.

Was taten nun Lindemann und die Heitgers in schweren Zeiten? Lindemann arbeitete kurz bei einer Holzfirma, dann als Montagehilfsarbeiter, dann beim Bäckermeister Wilhelm Schwerte in der Steinstraße 7 in Essen, dann wieder als Montagehilfsarbeiter. Weihnachten 1926 musste er sich arbeitslos melden und lag seinen Eltern daheim auf der schmalen Tasche.

Auch die Brüder Heitger waren bald auf diese, bald auf jene Weise kurzzeitig tätig. Immer enger war Johann Heitger zudem mit seinem Vetter Willi Hübsche geworden. Das musste einem Sorgen bereiten. Die Familie Hübsche nämlich war polizeibekannt. Vagabundierte durch die Gegend, zog von hier nach dort. Machte auf sich aufmerksam durch Hehlerei und Schiebung. Herolde der Unterwelt waren sie, jenseits des von Pflichten und Frömmigkeit geprägten Alltags im Elternhaus lebten sie vor, wie einfach und zielführend krumme Wege sein können. Sohn Willi sah zwar so blass und schmal und vergeistigt aus, trug auch gerne eine Brille, die er eigentlich nicht unbedingt brauchte, aber er reihte sich schön in die Familientradition ein. Im Jahr 1920, da war er gerade einmal 17 Jahre alt, hatte man ihn wegen Diebstahls in zwei Fällen zu einer Woche Gefängnis verurteilt. Und von da an ging es so weiter. 1923 hatte er in Braunschweig wegen schweren Diebstahls und Meuterei acht Monate Gefängnis bekommen, 1925 sechs Monate. Und dieser Willi war jetzt befreundet mit dem braven Hans Heitger? Stiefvater Steinmann verbot seinen Söhnen den Umgang. Half nichts. Die Heitgers kamen nicht von ihm los. Ausflüge unternahmen sie zusammen, wenn Willi gerade einmal nicht vor Gericht stand oder hinter Gittern war. Willi sprach nur in den höchsten Tönen von Hans, wie ein Mentor. Lobte seine Nervenstärke. Wieso Nervenstärke? Was lief denn da?

Eines Tages, das jedenfalls erzählte später Lindemann, hockte er wieder einmal mit den beiden Heitgers zusammen, als die Sprache auf das knappe Geld kam. Da habe der Jüngere, Heinz, wie nebenbei gemeint: »Es ist doch leicht möglich, auch ohne Arbeit an Geld zu kommen.«

Lindemann schaute fragend. Da berichteten die Brüder, dass sie in Stoppenberg häufiger Knappschaftsgelder für ihre Schwester abholten. Das sei doch ein Kinderspiel, einen dieser rührigen Beamten, die die Gelder auszuzahlen hatten, um den ihm anvertrauten Schatz zu erleichtern. Lindemann will sich skeptisch gezeigt haben.

»Wenn da jemand zu Schaden kommt ...«

»Keine Angst!«, hätten ihn da die Heitgers beruhigt. »Wenn man es geschickt anstellt, dann klappt das ganz ohne Blutvergießen!«

9. Juni 1927

Der Überfall auf den Geldboten

Historische Wetterberichte verraten, dass jener Donnerstag, der 9. Juni 1927, ein nicht sonderlich sonniger Tag war. Ein Tiefdruckgebiet kam von England über Dänemark und Südschweden herangezogen, dessen Ausläufer wolkiges, vereinzelt regnerisches Wetter nach Deutschland brachten. Auch nach Essen-Rüttenscheid, das sich zur beliebten Wohngegend entwickelt hatte. Herrschaftliche Häuser standen in idyllischen Gärten. Aber auch Häuserschluchten, in engen Seitenstraßen links und rechts der Chaussee, südlich vom Bahnhof, eine fast schon industriell gefertigte Siedlung für das Maschinenzeitalter.

Es war nachmittags, zwischen halb zwei und zwei. Gerade waren im Radio die Nachrichten vom Tage gelaufen. Ganz Deutschland stand Kopf wegen dieses schnittigen Amerikaners Clarence Duncan Chamberlin, der soeben als erster Pilot gemeinsam mit einem Passagier nonstop den Atlantik von New York bis nach Deutschland überquert hatte und vom Reichspräsidenten persönlich empfangen worden war. Der alte Hindenburg habe, schreiben die Zeitungen, zur überragenden Leistung beglückwünscht und der Hoffnung Ausdruck verliehen, dass die kühne Tat ein gutes Vorzeichen für die weitere Annäherung der beiden großen Völker sein werde.

Nun übertrug der Rundfunk das Mittagskonzert aus Köln. Kein Charleston oder was man sonst von den Zwanzigern erwartet.

Radios waren teuer und sendeten vornehmlich dem Geschmack der zahlungskräftigen Oberschicht entsprechend. Ein Blick ins Programm des Tages legt als Soundtrack Ballettmusik aus Albert Lortzings Oper *Undine* und Melodien aus *Samson und Dalila* von Camille Saint-Saëns nahe, während ein Anwohner in der damaligen Ortrudstraße mit dem Anbringen von Gardinen beschäftigt war. Bei einem Blick durch die Fensterscheibe bemerkte er, wie drei Männer die Straße herannefen. Alle so um die ein Meter siebzig groß, sollte er später der Polizei sagen, 22 bis 24 Jahre, vielleicht älter. Einer breitschultrig, einer trug einen hellen Mantel und eine helle Mütze, die beiden anderen dunkle Kleider, einer mit Sportmütze, der andere mit dunklem Hut. Die Burschen interessierten sich für einen sechssitzigen offenen Opel mit einliegendem Segeltuchverdeck. Es war der Dienstwagen eines Fahrlehrers, der wie gewöhnlich das Gefährt vor seinem Haus in der Ortrudstraße 6 abgestellt hatte. Womöglich fachsimpelten sie über Pferdestärken oder worüber man so bei Automobilen diskutieren kann. Etwa hundert Meter von dem Opel entfernt standen die drei Burschen in lebhaftem Gespräch beieinander, bis sie offenbar einen Entschluss fassten. Schnurstracks gingen sie auf den Wagen zu, und ehe man sich's versah, saßen sie schon drinnen, konnten ihn irgendwie starten und fuhren rasant davon.

In dem gestohlenen Auto saßen Johann und Heinrich Heitger sowie Karl Lindemann, alle mit Pistolen bewaffnet. Ihre Blicke schwankten wohl zwischen Nervosität und Entschlossenheit. Während ihnen der Fahrtwind ins Gesicht blies, versuchten sie sich unbekümmert zu geben. Sie redeten sich über das Knattern des Motors hinweg Mut zu, gingen ihre Aufgaben noch einmal durch. Heinz saß als ausgebildeter Kraftwagenführer am Steuer. Hans würde dem Kassenboten vor der Kneipe mit der Selbstladepistole entgegentreten. Nur vor die Brust halten. Bedrohen. Einschüchtern. Und Karl würde sich die Geldtasche schnappen.

»Ich weiß ja, dass ich losmuss«, brummte der 42 Jahre alte Heinrich Küpper zu seiner Ehefrau. Irgendwie wollte der Knappschaftsobersekretär heute lieber daheimbleiben. Doch es war Zahltag. Schon um die fünfzig Leute warteten ein paar hundert Meter die Straße hinunter in der Wirtschaft Drosse in Byfang, beim Gespräch, beim Bier oder Würfelspiel, vorfreudig darauf, dass ihnen Heinrich Küpper von der Knappschaftskasse, Zweigstelle Steele, ab drei Uhr nachmittags die Knappschaftsgelder auszahlen würde.

Küpper habe noch einmal seinen Garten durchmessen, ist später in den Zeitungen zu lesen. Er sei dabei immer wieder stehengeblieben und habe sich umgesehen. Doch dann ging er ins Haus und steckte in seine Ledertasche jene fast 19.000 Mark, die er an die rechtmäßigen Rentenempfänger auszuzahlen hatte. Widerwillig verabschiedete er sich von seiner Gattin Anna Helena Elisabeth. Kinder hatten sie keine. Alle gestorben. Draußen vor der Tür seines abgelegenen Hauses, Pothsberg 6, harrten bereits zwei invalide Bergleute, um den gebürtigen Byfanger zur Wirtschaft zu begleiten. Die Tasche, die ähnlich wie eine Aktentasche aussah, nur größer, und die er mit Riemen zuband, packte Küpper mit festem Griff und verließ schließlich, es mochte viertel vor drei sein, das Haus, um mit seiner Eskorte den einsamen Dorfweg entlangzugehen.

Eine schöne Westerntotale gäbe das: Küpper und Begleitung auf dem etwa einen halben Kilometer langen, meistenteils flachen Weg durch die Felder, die im frischen Grün des Vollfrühlings lagen. Ein idyllischer, dünn besiedelter Ort war Byfang, südöstlich von Essen, halb umarmt von der Ruhr, die hier einen nach Süden offenen krumpeligen Halbkreis beschrieb. Küpper hatte die Wirtschaft Drosse noch nicht erreicht, da sah er, vielleicht während er gegen die durch die Wolken stoßende Sonne blinzelte, wie sich ein Opelwagen von Süden, von Kupferdreh her, den Düschenweg heraufschob, eine schmale, leicht ansteigende Straße ohne Bürgersteig, später umbenannt in Düschenhofer Wald. In dem Opel saßen drei Männer. Die hatten offenkundig nicht die Wirtschaft im Sinn, vor deren Tür sich um die dreißig Rentenempfänger in Geduld übten. Der Opel kutschierte an der Wirtschaft vorbei, vorbei an den Kindern, die laut Zeitzeugen auf der staubbedeckten Straße spielten, auf den Kassenbeamten Küpper zu. Doch bevor er ihn und seine Begleitung erreicht hatte, bremste der Wagen ab und drehte um. Er schien eine Panne zu haben. Oder hatte er sich einfach verfahren? Mit so interessierten wie irritierten Blicken gingen Küpper und seine Begleiter am Auto vorbei. Wichen die Insassen seinen Augen aus? Oder waren sie einfach durch die Autobrillen und die Kopfbedeckungen so schwer auszumachen? Küpper hatte das Wirtshaus gerade erreicht, als der Automotor hinter ihm aufheulte, näher kam und etwa acht Meter von Küpper entfernt abermals hielt.

Dicht vor der Wirtschaft stand auch das Automobil des Landratsamtes, auf dessen Sitz der Chauffeur saß und döste. So bekam dieser kaum mit, dass plötzlich zwei Männer blitzschnell aus dem Opel sprangen, auf Küpper zu. Der Beamte und seine beiden Begleiter blieben zunächst überrascht stehen und erstarrten dann vor Schreck. Sie sahen Pistolen. Küpper ließ seine Ledertasche fallen. Einer der Kerle schnappte sie sich und machte kehrt. Da – gegen 2 Uhr 55 – plötzlich ein Schuss. Der Chauffeur im anderen Auto fuhr aus seinen Tagträumen hoch und sah noch, wie Heinrich Küpper zu Boden sank, während ein anderer Mann mit langen Sätzen auf den wartenden Opel zulief. Etwas über ein Meter sechzig schien er groß zu sein, untersetzt, bartlos, blasses Gesicht. Er trug eine Autobrille und eine blaue Drillich-Automütze, dazu einen hellen Mantel. Sobald er ins Auto gesprungen war, raste dieses auch schon in wilder Flucht gen Süden davon. Der Chauffeur sah, wie sich unter Heinrich Küpper eine Blutlache bildete, hörte entsetzte Schreie. Hektisch ließ er daraufhin den Motor seines Autos aufheulen und setzte dem Fluchtfahrzeug nach. Vorbei ging es in wilder Verfolgungsjagd am Wasserturm und dann scharf links, an der Schule und einigen Wohnhäusern entlang.

So schnell er auch fuhr, Heinz am Steuer bekam den Verfolger einfach nicht abgehängt. Was tun? Karl und Hans schütteten die Ledertasche aus und schleuderten den nutzlosen Ballast ihrem Gegner entgegen. Ohne Erfolg. Sie griffen sich Küppers Kassenbuch, das in der Tasche gewesen war. Bemerkten in der Hektik nicht, dass zwischen den Seiten noch Geldscheine steckten. Das Buch flog in hohem Bogen auf die Straße. 890 Mark in Papiergeld flatterten teils heraus. Immer noch ging die wilde Jagd weiter. Ausdrücklich hatten sie nicht schießen wollen. Aber den Anfang hatten sie ja nun einmal gemacht. In dem kleinen Wäldchen an der Ruhrstraße zückte Hans Heitger wieder seine Pistole. Als sein Verfolger das sah, wurde ihm schlagartig klar, dass ihm die Angelegenheit nun doch nicht so wichtig war. Wer weiß, ob Hans Heitger gefeuert hätte. Jedenfalls gab der Verfolger auf.

Dafür hatte inzwischen das Telefon auf der Polizeistation geklingelt: Knappschaftssekretär in Byfang niedergeschossen, seine Geldtasche entwendet. Täter fliehen östlich Richtung Ruhr. Umgehend eilten Beamte dem Fluchtauto entgegen, postierten sich an einer Stelle, an der die Kriminellen vorbeikommen müssten, die Waffen schussbereit. Minuten verstrichen. Aber das Auto kam nicht.

Zwar sahen die drei Flüchtenden keine Verfolger mehr, doch trotzdem lenkte Heinz Heitger das Auto mit Höchstgeschwindigkeit am romanischen Kirchturm in Niederwenigern vorbei, dann in die scharfe Kurve dahinter. Mit quietschenden Reifen warf es den Opel von der Fahrbahn, in den Straßengraben vor dem Haus Ruhrstraße 9. Oder hatten sie das Auto absichtlich da hineinmanövriert? Sie rissen das Hartgeld aus den Papierröllchen. Immerhin tausend Mark waren das. Die stolze elf Pfund schwere Silberlast teilten sie unter sich auf und eilten weiter. Den Geldbeutel von der Reichsbank warfen sie weg, obwohl da noch ein paar Münzen drin waren. Sie rannten den Weg bis zur Fähre bei der Wirtschaft Voßnacke in Dumberg. Fragten Hans während des Laufens, warum er denn geschossen habe.

»Ist mir in der Aufregung losgegangen«, war seine Antwort. Es sei keine Absicht gewesen. Die Sicherung habe nicht funktioniert. Lindemann sollte später entschuldigend aussagen, dass sie eben keine Erfahrung mit so etwas gehabt hätten.

Einmal kurz durchatmen. Dann lösten sie bei dem Jungen vom Fährbetrieb Karten für drei Personen. Gaben ihm 15 Pfennig Trinkgeld. Anschließend ließen sich die Heitgers und Lindemann über die ruhig dahinfließende Ruhr setzen, rüber nach Dahlhausen.

Wenige Minuten nach dem Schuss vor der Wirtschaft klopfte es an der Tür von Knappschaftssekretär Küpper. Als Anna Helena Elisabeth Küpper öffnete, blickte sie in betretene Gesichter. Ihr schwante Böses. Man fuhr sie ins Krankenhaus. An der Leiche ihres Ehegatten stieß sie einen einzelnen markerschütternden Schrei aus und verstummte. Erstarrt stand sie da. Zwar zuckte es in ihrer Miene. Doch geweint hat sie nicht. Obwohl sie sich wohl über Tränen gefreut hätte.

»Die tödliche Kugel ist ins Herz gegangen«, hörte sie wohl den Arzt das Unfassbare erklären. »Sie hat starke Blutungen erzeugt und den Tod auf der Stelle herbeigeführt.« Ein- und Ausschusskanal waren kaum zu sehen.

Die Heitgers und Lindemann waren auf der rechten Ruhrseite von der Fähre herunter, dann zur Straßenbahn und über mehrere Etappen weiter nach Gelsenkirchen, wo sie eine ruhige Ecke fanden. Dort zählten sie ihre Beute. 18.000 Mark. Dann verabschiedeten sie sich und gingen unbehelligt zurück in die jeweilige elterliche Wohnung in Altenessen.

Juni 1927

Der endliche Schatz

Wohl ab der zweiten Juniwoche des Jahres 1927 interessierten sich die Brüder Heitger und ihr Freund Karl Lindemann mehr als sonst für die Nachrichten in Rundfunk und Zeitungen. Alle in der Umgebung der Zeche Helene sprachen vom Raubmord in Byfang. War ja nur rund zehn Kilometer entfernt. Die Polizei habe die Spur der Verbrecher bis auf eine Fähre zurückverfolgen können. Noch am Tag der Tat habe eine Streife als Täter infrage kommende Männer in einem Wald bei Dahlhausen gesichtet, doch seien alle diesbezüglichen Nachforschungen ergebnislos verlaufen.

Einige hundert Meter oberhalb der Fähre hätten dann am Abend nach der Tat patrouillierende Beamte einen Mann mit einer Aktenmappe gesichtet, der auf den Bahngleisen lief. Als er angerufen wurde, sei er fortgelaufen.

»Hände hoch!« hätten die Polizisten geschrien, aber erst ein Schreckschuss habe den Flüchtenden zum Halten veranlasst. Eine Überprüfung ergab rasch seine Unschuld. Warum er denn fortgelaufen sei, fragten die Beamten. Seine Antwort: Weil er unbefugterweise das Bahnbett betreten habe. Die Polizei sei fieberhaft mit der Verfolgung beschäftigt und erbitte alle sachdienlichen Angaben, schrieben die Zeitungen. Es sei nicht ausgeschlossen, dass die Täter sich bald neue Kleidung beschaffen und durch besondere Ausgaben auffallen würden. Man gehe jedoch von einer auswärtigen Bande aus. Die Tat sei sehr professionell ausgeführt worden, sodass dies gewiss nicht die erste Tat der Banditen gewesen sei.

Für die Ermittlung und Ergreifung der Täter setzte der Regierungspräsident in Düsseldorf eine Belohnung von tausend Mark aus. Die wollten sich einige Kerle verdienen. Zumal viele vehement über diese auswärtigen Übeltäter schimpften. Klar hatte man selbst auch immer wieder mal Ärger mit der Knappschaft gehabt. Füllten sich da nicht auch einige Bonzen die Taschen, während der kleine Arbeiter um jede noch so kleine Auszahlung feilschen musste? Aber die Knappschaft verwaltete nun einmal die Gelder und vertrat die Interessen der Bergleute.

Wehe, wehe, wer verstohlen des Mordes schwere Tat vollbracht.

Ein Klopfen an der Tür, ein vorfahrendes Auto, und die Brüder Heitger warfen einander nervöse, schreckensbleiche Blicke zu. Aber Tag um Tag verging, ohne dass die Polizei zu Besuch gekommen wäre. Waren die Zeitungen zunächst noch voll mit vermeintlichen Spuren, die sich allesamt als Holzwege entpuppten, nahm das allgemeine Interesse rasch ab. Die Gerüchte kursierten halbherziger. Am 16. Juni, just einen Tag, nachdem in Niederwenigern wohl anderthalbtausend Menschen Küpper die letzte Ehre erwiesen hatten, machte die Nachricht die Runde, dass die Raubmörder in Bochum festgenommen worden seien. Einer der Verhafteten wohne kaum fünf Minuten von dem Erschossenen entfernt, ein zweiter um die Ecke in Steele. Schnell jedoch meldeten sich die zuständigen Polizeibehörden mit Dementis.

Andere Gesprächsthemen drängten sich in den Vordergrund. Etwa vom Kumpel aus Karnap, der am 20. Juni zwischen die Rollenwagen geriet und sich lebensgefährliche Brustquetschungen zuzog. Die skeptischen Blicke der Heitgers auf fremde Menschen und Polizisten wurden entspannter. Es kam nämlich auch niemand, als die Belohnung am 5. Juli 1927 schließlich vom Herrn Minister des Inneren auf 3.000 Mark verdreifacht wurde.

Immer mehr kreisen die Gedanken der Heitgers um ihren gut versteckten Schatz. Das Vertrauen in Papiergeld war in den letzten Jahren einer schweren Probe unterzogen worden. Also mussten Wertsachen angeschafft werden. Doch wie sollten die Heitgers erklären, warum sie plötzlich aller finanziellen Sorgen ledig seien? Nicht einmal aus der elterlichen Wohnung auszuziehen trauten sie sich, obwohl sie die Mutter immer noch wie kleine Kinder behandelte. Stattdessen blieben sie in ihrer Schlafstube wohnen, einem gut hergerichteten bürgerlichen Zimmer mit Spiegelschrank, Waschtisch, nebeneinanderstehenden breiten Holzbetten, Chaiselongue und Nachttisch. In einem der Schubfächer lag *Die Dämonen* von Dostojewski. In einem anderen Schubfach hatte Hans Heitger sein kleines Notizbüchlein verstaut, in das er Gedichte schrieb, die leider nicht überliefert sind. Etwas sentimental seien Johanns Werke gewesen, aber doch nicht schlecht, urteilen jene, die sie gelesen haben. Meist Liebesverse an seine Maria, die er sich vorstellen konnte zu heiraten, wenn er es sich nicht nur insgeheim leisten könnte. Heinz hatte übrigens auch so etwas wie eine Braut: Trude, die Tochter der Familie Engel. Wie gerne würde ich hier etwas Romantik in die Geschichte einfließen lassen und interessante, vielschichtige Frauengestalten beschreiben. Aber ich weiß nichts über sie, weder wie sie aussahen, noch sonst irgendetwas. Sie bleiben nackte Namen.

Sechs Wochen nach dem Raubmord von Byfang fuhr Lindemann zur Erholung. Bei ihm war schon vor geraumer Zeit ein Herzleiden diagnostiziert worden. Und die Heitgers? Waren weiterhin gehorsame Söhne und beliebte Nachbarn. Und anscheinend fragte niemand nach, wie zum Teufel sie sich schließlich gebrauchte Autos kaufen konnten, einen Personenwagen, einen Lastenwagen, für zwei- bis dreitausend das Stück. Derart ausgestattet, machten die

Heitgers in der Rellinghauser Straße in Essen ein Automobiltransportgeschäft auf. Lindemann schoss auch etwas dazu. Die Einnahmen teilten sie untereinander. Die Geschäfte liefen gut. Alles war gut gegangen.

Vielleicht wäre auch alles gut geblieben, wenn die Heitgers oder Lindemann mehr vom Fuhrgeschäft verstanden hätten. Vielleicht war auch ihr Geschäftsführer, ein gewisser Schwelbein, mit den ihm anvertrauten Mitteln unredlich umgegangen. Und so viel die etwa 18.000 Mark auch zunächst schienen, das Reservoir war bald aufgebraucht. Instandhaltung der Autos. Treibstoff. Steuern. Die jungen Geschäftsleute fanden sich in finanziellen Engpässen.

»Wir müssen Geld haben«, sollen die beiden Heitgers Karl Lindemann schließlich im April 1928 zugeraunt haben. Es müsse abermals ein großer Schlag geführt werden. Von da an sah man die Heitgers und Lindemann häufiger flüsternd zusammenglucken und gemeinsam Spritztouren unternehmen. In Gladbeck, in der Emscherzone im nördlichen Ruhrgebiet, kamen sie vorbei, wenn sie ihren Schwager Uhlendahl in Recklinghausen besuchten. In einer ruhigen Nebenstraße kurvten sie vor einem villenartigen Bankgebäude hin und her.

Im Freundeskreis ließ der eine Bruder Heitger vertraulich verlauten, demnächst werde ein großer Schlag viel Geld einbringen. Darum kreisten ihre Gedanken, wenn sie in ihrem Zimmer bei den Eltern lagen. Einmal flog morgens die Tür auf. Ihr Stiefvater, so berichtete Steinmann später selbst, jagte sie aus dem Bett, gab ihnen tüchtig über die Ohren: »Was liegt ihr denn hier faul rum? Es sind keine Kohlen in der Stube!«, habe er sie angeherrscht. Im Hemd holte daraufhin der eine Stiefsohn Kohlen, während der andere den Ofen heizte. Nächste Woche, dachten die beiden gesuchten Raubmörder da wahrscheinlich, nächste Woche machen wir es.

3. Mai 1928

Die Entdeckung des Spähtrupps

Karl Lindemann erzählt, er sei auf dem Hof des gemeinsamen Fuhrgeschäfts in Oberbergerhausen beschäftigt gewesen, als Hans mit verschwörerischem Gesichtsausdruck an ihn herantrat: »Wir fahren heute nach Gladbeck.«

Kurz nach Mittag kamen die Heitgers und holten ihn ab. Mit im Wagen saß Willi Hübsche. Der 25-Jährige hätte eigentlich gerade wieder im Gefängnis sitzen müssen wegen versuchten Totschlags und wegen eines Kraftfahrzeugvergehens – wenn er sich nicht dumm gestellt hätte und wegen geistiger Unzurechnungsfähigkeit stattdessen in eine Heilanstalt gekommen wäre, nach Grafenberg in Düsseldorf. Die hatte ihm Urlaub gegeben. Lindemann will irritiert gewesen sein, denn er kannte Hübsche kaum.

»Bei diesem Ding brauchen wir vier Personen«, sagte Hans lapidar. Und sein Wort hatte Gewicht.

Neugierig beobachtete der Schüler Friedrich Buerbaum am Donnerstag, dem 3. Mai 1928, wie in der Nähe seiner Wohnung ein Schupobeamter auf ein Auto, das er angehalten hatte, voller Autorität zuparadierte. Der Polizist hatte, als er auf der Hochstraße in Gladbeck seinen Ordnungsdienst versah, missbilligend registriert, wie dieses Auto die Roonstraße heruntergerast war und die Hochstraße gekreuzt hatte, so schnell, dass es mit der Bordsteineinfassung kollidierte und beinahe mit einer Limousine karamboliert war. Nun sah

Schüler Buerbaum, wie die Insassen den Ermahnungen des Polizisten mit besorgten Mienen lauschten und sich um Beschwichtigung bemühten.

»Machen Sie doch aus der Geschichte nichts«, bat einer. »Ist ja nichts passiert.«

Mit den Papieren war alles in Ordnung. Der Polizist notierte sich den Fahrernamen. Heitger. Dann noch das Nummernschild. Die Jungs durften weiterfahren.

Bis zum Juli 1930 sollte es dauern. Dann würde der Schüler Buerbaum dafür, dass er diesen Vorfall beobachtet und später die Polizei daran erinnert hatte, eine Belohnung von 3.000 Mark bekommen.

Nach der Kontrolle fuhr das Auto weiter und hielt in einer ruhigen Villenstraße. Die beiden Brüder stiegen aus, inspizierten die Gegend und gingen dann durch ein Tor den Weg entlang und eine kleine Treppe hinauf zum Haupteingang der Reichsbanknebenstelle, in den Vorraum, vorbei am Eingang zur Dienstwohnung des Direktors in der ersten Etage und durch die repräsentative Doppeltür zum Schalterraum. Konzentriert verschafften sich die Heitgers einen Eindruck von den Gepflogenheiten der Beamten. Dann gingen sie wieder hinaus, um in freier Luft zu »rekognoszieren« – ein Wort, das Karl May sehr geschätzt hat.

5. Mai 1928

Der Gladbecker Bankraub

Hans und Heinz Heitger, Karl Lindemann und Willi Hübsche trafen sich am Samstag, dem 5. Mai 1928, vormittags am Bahnhof in Altenessen. Alle vier hatten Pistolen dabei. Zuvor hatten sie schon über das Auto diskutiert. Es war zu gewagt, das in Essen zu stehlen. Also auf nach Dortmund. Kurz flanierten sie durch die Straßen, bis einer von ihnen auf ein offenbar unbeaufsichtigtes rotes Personenauto wies. Der Zivilingenieur Klöpper hatte es vor dem Haus des Notars Kramberg, mit dem er eine Besprechung hatte, geparkt, Märkische Straße 5. Die Heitgers schickten Lindemann und Hübsche weg. Es sei zu auffällig, wenn sich vier Leute über den Wagen hermachten. Während also Lindemann und Hübsche zur Ecke Gutenbergstraße schlenderten, gingen die Heitgers zum Auto, schauten noch einmal prüfend links und rechts, hüpften beherzt hinein, bekamen es im Handumdrehen ans Laufen und sammelten ihre Komplizen rasch ein. Gegen zwölf Uhr kamen sie in Gladbeck an. Zu früh, fand man. Um diese Zeit könnten noch zu viele Beamte in der Bank sein. Also warteten sie in etwa 150 Metern Entfernung ab.

Sowohl vor der Tür als auch in dem allein stehenden Villengebäude, in dem die Gladbecker Reichsbanknebenstelle residierte, war es relativ ruhig. Es herrschte trockenes, ziemlich warmes Wetter. Die Niederlande, heimgesucht von katastrophalen Moorbränden, die tückische Wirbelwinde angefacht hatten, hofften auf das Tiefdruckgebiet, das über Frankreich lauerte. Frankreich beherrschte ohnehin die Schlagzeilen: Autonomisten-Prozess in Colmar! Rund zwei Jahre zuvor, im August 1926, hatten sich über der Frage der Eigenständigkeit des Elsass gewalttätige Auseinandersetzungen entzündet. Der 22. August war als Blutiger Sonntag von Colmar in Erinnerung geblieben: le dimanche sanglant.

Doch in Gladbeck sprach man vor allem vom sogenannten Abiturientenmord. Ende März war der 19 Jahre alte Helmut Daube, Sohn des Rektors der Gladbecker Lutherschule, mitten in der Nacht in der Nähe des Elternhauses in der Schultenstraße 11 aufgefunden worden, der Hals durchschnitten, die Hose ausgezogen und der Intimbereich verstümmelt. Antisemitische Blätter wie der *Westdeutsche Beobachter* mutmaßten, es handele sich um einen jüdischen Ritualmord. Verhaftet worden war bald schon der mit Daube befreundete Karl Hußmann, in dessen Bücherregal man ein Werk dieses höchst anrüchigen Sexualwissenschaftlers Magnus Hirschfeld entdeckt hatte. Der Prozess war für Oktober angesetzt. Bis dahin blieb viel Zeit für Spekulationen.

12 Uhr 45. Noch eine Viertelstunde musste die Uhr schaffen, um Kassenschluss anzuzeigen. Sechs männliche und zwei weibliche Bankbeamte rangen mit letzten Routinearbeiten vor dem Wochenende. Im Schaltervorraum lungerten die Boten zweier Gladbecker Bankinstitute. In seinem Büro direkt neben dem Schalterraum ersehnte auch Direktor Weber den Feierabend.

Da hielt draußen vor dem Haupteingang an der Ecke Schillerstraße/Mittelstraße ein fünfsitziges, offenes, dunkelrot lackiertes Auto. Ihm entstiegen vier Männer, stilecht wie im Gangsterfilm. Der erste in blauem Anzug. Bei einem seiner abgenutzten braunen Halbschuhe war die Hackennaht aufgetrennt. Den zweiten kleidete ein gelblich-braun gesprenkelter Jackettanzug. Der dritte –

längliches, knochiges Gesicht, starke dunkle Augenbrauen, tiefliegende Augen, dunkles Haar – trug einen braunen Anzug mit hoher Hose und einen dunklen Lederhut mit flachem Rand. In den schwarzen Halbschuhen steckten grün-schwarze Strümpfe mit großen Karos. Der vierte schließlich erschien in hellgrauem Anzug mit hellem Lederhut und braunen Halbschuhen. Schwerfällig soll ihr Gang gewesen sein, als die Kerle durchs Tor liefen, über den Hof, weiter die kleine Treppe zum Gebäudeeingang hinauf. Im Vorraum zogen sich zwei wie echte Banditen schwarze Halbmasken vor die Augen. Die beiden anderen verschleierten ihre Identität mit modischen Autoschutzbrillen. Sie zückten Revolver, warfen sich gewiss um Entschlossenheit bemühte Blicke zu und stürzten choreografiert in die Schalterhalle. Einer postierte sich strategisch an der Eingangstür. Der Mann in Blau zerschmetterte mit seiner Pistole die Glasscheibe eines Schalters zur Rechten. Allenthalben aufgeschreckte Augenpaare. Da schallten auch schon Schüsse durch den Raum. Entsetzensschreie. Zwei der Männer hatten durch weitere Schalterfenster gefeuert. Kugeln schlugen in die Wand ein. Verwirrung und Panik machten sich breit. Ängstliche Blicke aus eingezogenen Köpfen suchten Auswege. Währenddessen drangen die Bankräuber durch die zersplitterten Scheiben in die Schalterräume ein, hielten auf die Zahltische zu.

»Hände hoch!«, brüllten sie mit vorgehaltenen Revolvern. »Geld heraus! Wer sich muckt, wird erschossen!«

Direktor Weber hörte das Knallen und die Schreie. Hektisch kramte er seinen Revolver hervor, holte wahrscheinlich noch einmal tief Luft und platzte durch die Tür seines Dienstzimmers raus in den Schalterraum. Er sah zwei bewaffnete Eindringlinge auf dem Zahltisch sitzen, vor ihnen die Beamten mit hochgehaltenen Händen. Verdutzte Gesichter. Offensichtlich hatten sie nicht mit Direktor Weber gerechnet. Schon gar nicht mit Pistole in der Hand. Weber zielte und drückte seinen Revolver auf einen der Räuber ab.

Klick.

Die Waffe hatte versagt. Ein kurzer Blickwechsel mit den Räubern, die sich schnell fassten und ihrerseits auf ihn zielten. Ein Schuss. Weber duckte sich, schaffte es irgendwie zurück in sein Büro, knallte die Tür hinter sich zu und untersuchte seinen Körper auf Wunden. Kein Blut. Sein Heldenmut war allerdings aufgebraucht. Hinter seinem Schreibtisch kauernd, behielt er mit umklammerter Pistole die beiden Zugänge zu seinem Dienstzimmer im Visier.

Unterdessen war ein dritter Räuber in den Schalterraum eingedrungen und von dort aus weiter in den anschließenden Kassenraum geeilt. Überall Reichtümer. Er lehrte die Behälter. Alles erreichbare Papiergeld, gebündelt und lose, raffte er zusammen, warf es in einen mitgebrachten kleinen grauen Sack, den er ziemlich bis oben hin füllte, dann durch ein Schalterfenster den beiden Komplizen reichte, bevor er selbst wieder hinauskletterte. Letzte warnende Worte, dann flüchteten er und seine Komplizen durch die Vordertür. Der vierte Mann hatte schon den Motor angelassen.

In der Nähe wohnte der Bauunternehmer Stegmann. Er war durch den Lärm aufmerksam geworden. Waren das Schüsse und Schreie? Er sah ein Auto mit laufendem Motor vor dem Gebäude und ahnte, was los war. Er eilte hinzu und wollte gerade den Fahrer des Kraftwagens durch einen kühnen Überfall unschädlich machen, als dessen Komplizen durch die Tür des Gebäudes ins Freie platzten. Sie sahen Stegmann und feuerten aus nächster Nähe drei Schüsse auf ihn ab. Stegmann hechtete zu Boden. Abgesehen von ein paar blauen Flecken blieb er unverletzt. Während die Räuber über ihn weg und an ihm vorbei ins Auto sprangen und der Motor aufheulte, kam der Geldzähler Hentigs beherzt um die Gebäudeecke gerannt.

Vorsichtshalber hatte er den Haupteingang gemieden, war lieber durch das Klosettfenster ausgestiegen. Hentig stellte sich dem Auto mutig in den Weg. Als auch auf ihn Revolver angelegt und abgedrückt wurden und der Fahrer beschleunigte, sprang er nun doch aus dem Weg. Aber andere Männer nahmen die Verfolgung des Fluchtfahrzeugs auf.

»Haltet den Dieb!«, schrien sie, waren allerdings nicht motorisiert. Die Räuber hielten sie zudem mit Schüssen auf Distanz. Durch die Roonstraße und weiter über die belebte Friedrich- und Kaiserstraße rasten sie davon. Auf der Horster Straße war ein Schupobeamter postiert. Er wusste nicht genau, was los war, aber der Wagen war viel zu schnell unterwegs. Und waren das gezückte Revolver? Der Uniformierte stellte sich dem Wagen entgegen. Da beschleunigten die Flüchtenden. Auch der Schupo wich zur Seite. Bei der rasenden Geschwindigkeit flog der Wagen bei jeder Unebenheit mit derartiger Wucht in die Höhe, dass die Bankräuber einmal beinahe im hohen Bogen aus dem Wagen geschleudert wurden. Sie konnten sich festhalten, nicht jedoch einen grauen Velourshut. Ich stelle mir eine Großaufnahme vor: Der Hut segelt pittoresk auf die Straße, während das Auto im Hintergrund uneinholbar entschwindet, in Richtung Horst-Emscher. Immerhin, das Nummernschild habe er entziffern können, meinte einer der Verfolger: IX 3906. Das IX, das wussten damals alle, bedeutete, dass das Auto in Preußen, genauer in der Provinz Westfalen, angemeldet war.

Das Fluchtauto raste mit etwa achtzig Stundenkilometern die Landstraße dahin, da konnten die Räuber nicht länger der Versuchung widerstehen und bewunderten die gebündelten Geldscheinpäckchen.

»Mensch, ihr schmeißt ja mit dem Geld herum«, soll Willi Hübsche geschimpft haben, als ein Windstoß in den Wagen fuhr und ein Tausendmarkschein aufflog, während sich sein Komplize gerade eine Zigarette anzünden wollte. An der Grenze zwischen Stoppenberg und Schonnebeck, nordöstlich von Essen, waren die Flüchtenden angekommen, in der Nähe des achteckigen Kaiser-Wilhelm-Turms. Keine Verfolger in Sicht.

Einzeln stiegen sie aus, zuerst Hans und Karl auf einem ruhigeren Weg, zweihundert Meter weiter die anderen beiden. Lindemann und Hans Heitger stiegen in die Straßenbahn und fuhren zum Essener Schlacht- und Viehhof. Die nächste Straßenbahn brachte Willi und Heinz. Sie schauten in verschiedene Gastwirtschaften, ob man hier irgendwo unauffällig das Geld zählen könnte. Im Lokal Vortmann am Viehofer Platz stahlen sie sich aufs Klosett und begannen dort zu zählen. Über 34.000 Mark. Lindemann und Hübsche bekamen erst einmal je 850 Mark, den Rest behielten die Heitgers. Die Nacht verabredete man in der Wohnung der Familie Hübsche zu verbringen.

Zu gerne hätte ich an dieser Stelle der Geschichte einen charismatischen Antagonisten zu unseren Outlaws im Westen eingeführt, einen Pat Garret zu unseren Billys the Kids. Idealerweise mit interessantem Background, vielleicht Kriegserfahrungen, eigenen Familienproblemen und charakterlichen Ambiguitäten. Aber leider werden die Brüder Heitger im Verlauf der Geschichte mit immer wechselnden Gesetzeshütern konfrontiert. So müssen auch jene Kriminalpolizisten gesichtslose Schatten bleiben, die bald in Gladbeck vor Ort waren und sich einen Überblick verschafften. Keine Verletzten. 36.375 Mark geraubt. Alles Papiergeld, der größte Teil 14.000 Reichsmark in Tausendmarkscheinen. Außerdem 500 Mark in völlig neuen Fünfmarkscheinen. Aber, so druckste Direktor Weber bei der Vernehmung, da habe man fast schon Glück gehabt. Der Bandit im Kassenraum habe offensichtlich den Stapel gebündeltes Papiergeld nicht entdeckt. Über eine halbe Million Mark. So gesehen könne die geraubte Summe als verhältnismäßig gering bezeichnet werden.

Die Polizei inspizierte den mausgrauen Velourshut, den die Täter verloren hatten. Innen eine Signierung in Aluminiumlettern: »H. H.« Außerdem unter dem gelben Schweißleder ein Firmenschild, darauf die Bezeichnung »Jabru Velour« und in Tabellenform die Angaben: Form 2155'5; Qualität B, Farbe 602/6345.

Als Besitzer des Fluchtwagens war bald der Ingenieur Franz Klepper ausgemacht, wohnhaft Luisenstraße 42 in Dortmund. Schnell wurde der Kraftwagen vor der Wirtschaft Ackermann in Schonnebeck gefunden. Die zwei Personen, die mit dem Auto ankamen, hätten beim Aussteigen sehr unaufgeregt gewirkt. Einer trug einen braunen, der andere einen grauen Anzug. Beide Personen waren etwa ein Meter siebzig groß. Gefüllte Aktentaschen sollen sie bei sich gehabt haben. Die Beobachter hatten sie für Geschäftsreisende gehalten. Sie tauschten nach ihrer Ankunft ihre Ledermützen mit Hüten und verschwanden in Richtung Stoppenberg.

Vieles weise darauf hin, dass hier eine auswärtige gewerbsmäßige Einbrecherbande am Werk war, lautete abermals das von den Medien verbreitete erste Zwischenfazit. So wie die ganze Sache abgelaufen war, dürfte die schon mehrfach derartige Unternehmen ausgeführt haben. Die Reichsbank setzte am 7. Mai 10.000 Mark Belohnung aus.

9. Mai 1928

Schüsse im Räubernest

Einige Tage waren vergangen, als Karl Lindemann abends heimkehrte in die elterliche Wohnung in einem der vielen Arbeiterhäuser in Altenessen. De-Wolf-Straße 12, nahe dem Bahnhof. Seine Mutter erschien ihm stark verstört und erregt.

»Was hast du getan?«, habe sie ihn gefragt, als sie ihn sah, und sei in Tränen ausgebrochen. »Bist du dabei gewesen?« Sie habe im Radio vom Überfall in Gladbeck gehört. Auch die Täterbeschreibung. »Das warst doch du, oder?«

Karl Lindemann blieb stumm.

Hans Heitger sei gestern hier gewesen und habe nach ihm gefragt. Ganz verstört sei er gewesen. Karl solle heute Abend zum Café Haller kommen. Mutter Lindemann blickte ihrem Sohn tief in die Augen. »Junge, hast du etwas gemacht?«

Da packte Karl Lindemann das Grauen. Nur fünf Minuten nach seiner Ankunft ging er wieder von zu Hause weg, würde er später aussagen. Er sei durch die Nacht geirrt, bis er zu später Stunde in der Nähe des Schlachthofs auf die Brüder Heitger traf. Sie versuchten ihn zu beruhigen, meinten aber auch, dass es ratsamer sei, nicht daheim zu übernachten. Sie würden mit ihren Vettern verabreden, das Nachtlager zu tauschen. So nahmen die Heitgers Lindemann mit zur Wohnung der Familie Hübsche, Schlenhofstraße 25, zu Fuß keine zwanzig Minuten von den Heitgers weg.

Dort angekommen, wurden die Gespräche ernst. Wenn Lindemanns eigene Mutter Verdacht schöpfte, war es hier nicht mehr sicher. Nun gab es kein Zurück in den Alltag mehr. Die Schwelle war überschritten. Auch Vater Hübsche, durchaus vertraut mit polizeilicher Strafverfolgung, legte den Jungens nahe, erst einmal die Gegend zu verlassen. Südbayern sei doch gut. Da würden sich Karl und Hans doch schon auskennen. Ganz früh morgens solle man den Münchner D-Zug nehmen. Willi Hübsche winkte ab. Ihm könne man doch nichts. Bei seinem Vorstrafenregister ziehe er erst recht die Aufmerksamkeit auf sich, wenn er jetzt verdufte. Nein, nein. Er bleibe hier.

Angekleidet schliefen sie ein paar Stunden zu vier Mann im Zweibettzimmer. Dann ging Willi. Er wolle sich etwas im Ruhrgebiet herumtreiben. Morgens gegen 7 Uhr 30 ging auch Karl, um schon einmal die Fahrkarten zu lösen.

Tatsächlich war die Polizei näher, als die Verfolgten ahnten. Sie hatte den verlorenen Hut bis zum Geschäft zurückverfolgen können. Der Name Heitger fiel. Auch der Gladbecker Schüler Friedrich Buerbaum berichtete der Polizei, wie am Donnerstag vor dem Überfall ein Wagen zu schnell die Roonstraße heruntergeprescht war und wie die Insassen dem Polizeibeamten ihre Personalien hatten mitteilen müssen. Name: Heitger. Also wurden um sechs Uhr an diesem Mittwochmorgen, dem 9. Mai 1928, Beamte der Gladbecker Polizei bei den Heitgers vorstellig.

Nicht da? Und wer seien die beiden jungen Kerle da?
Die Vettern.
Soso. Namen?
Jakob und Anton Hübsche.
Wohnhaft?
Schlenhofstraße 25.

Da meinte Kriminalsekretär Klemens Oßkopp zu seinen Kollegen, dass die Schlenhofstraße doch nicht weit weg sei. Sie sollten die beiden Burschen auf die Wache bringen. Er indessen würde sich mal in deren Wohnung umschauen.

Die Heitgers lungerten im Schlafzimmer der Hübsche-Söhne herum, da wurde an die Wohnungstür geklopft, so hart und heftig, dass es wohl im ganzen Flur laut widerhallte. Sie saßen gleich halb aufrecht im Bett, hörten, wie Willis Vater die Wohnungstür öffnete und mit Begleitung ins Wohnzimmer nebenan trat. Sie lauschten. Offenbar die Polizei. Die Heitgers im Schlafzimmer wurden unruhig. Die kleine Wohnung würde bestimmt bald durchsucht werden. Wo sollte man sich hier verstecken? Sie prüften, ob sie durch ein Fenster entkommen konnten. War ja nur die erste Etage. Dabei rumpelte es etwas. Im Nebenzimmer wurde es still.

»Ist noch jemand nebenan?«

»Ja«, sagte August Hübsche.

»Wer?«

»Ich kenne sie nicht.«

»Kommen Sie raus!«, rief Kriminalsekretär Oßkopp.

Stille.

Klemens Oßkopp ging zur Schlafzimmertür. Sie knarrte etwas, als sie langsam aufging. Im Schlafzimmer sah er zwei Burschen mit angespanntem Gesicht und weit aufgerissenen Augen. Selbst die Ohren schienen besonders gespitzt zu sein. Oßkopp realisierte noch, dass sie bewaffnet waren. Und dass Heinz Heitger auf ihn zielte. Da knallte es auch schon. Dreimal. Oßkopp sank zu Boden.

Kurze Zeit später meldete eine Tochter von August Hübsche beim III. Polizeirevier in Essen, dass in der Wohnung ihrer Familie ein ihr unbekannter Mann auf dem Fußboden liege, offenkundig erschossen.

Als Oberstaatsanwalt Heinrich Lingemann und der Erste Staatsanwalt Rosenbaum bald darauf am Tatort eintrafen, mussten sie sich den Weg durch neugierige Passanten bahnen, überwiegend Jugendliche beiderlei Geschlechts. Schutzpolizisten hatten Mühe, dafür zu sorgen, dass auf der belebten Straße der Verkehr ungehindert passieren konnte. Andere Beamte gingen indessen geschäftig aus dem Mordshaus ein und aus, sodass dieses sich wie ein Bienennest ausgenommen haben soll. Lingemann und Rosenbaum gingen die Treppe hinauf in die erste Etage. In der Dreizimmerwohnung sahen sie, wie in zwei Zimmern erste Verhöre geführt wurden. Der dritte Raum war das Schlafzimmer. An der Wand, so berichten die Quellen, hingen Schlafanzüge und andere Kleidungsstücke. Auf dem Vertiko aus großväterlichen Zeiten stand ein kleiner Blumenstrauß. Weißer Flieder. Über den nebeneinanderstehenden Betten verschiedene Bilder, darunter ein Kruzifix. Am weit geöffneten Fenster lag als dritte Schlafstätte eine einfache Matratze. Das Bettzeug war durchwühlt. Vor den Betten lag lang ausgestreckt, mit dem Gesicht nach unten, der 48 Jahre alte Johann Klemens Oßkopp tot am Boden und wurde an Ort und Stelle fotografiert. Dreimal hatte man mit einer 6,35-Millimeter-Pistole auf ihn geschossen. Während zwei Kugeln links und rechts vom Bett in die Wand gegangen waren, hatte ihn die dritte direkt in die Lunge getroffen. Der Tod musste fast umgehend eingetreten sein. Oßkopps Frau Johanna sei benachrichtigt, teilte man Lingemann mit.

Im Haus fand sich der Postsack, in dem wohl das in Gladbeck geraubte Geld transportiert worden war. Darin auch eine Gesichtsmaske, wie sie die Räuber getragen hatten.

Vater August Hübsche nahmen die Polizisten mit zur Wache. Bei seiner Vernehmung hatte er sich in Widersprüche verwickelt. Seine Söhne Jakob und Anton waren bereits in der Wohnung der

Heitgers verhaftet worden. Fehlte nur noch der älteste Sohn, der polizeibekannte Willi. Der hatte sich, wenn man seiner Familie glauben durfte, nach Düsseldorf zum Pferderennen begeben.

Die Befragung der Nachbarn war wenig ergiebig. Einige wollten nicht einmal die Schüsse gehört haben. Man kenne die Familie Hübsche kaum, sie habe die Wohnung noch nicht so lange. Es habe hier aber immer reger Verkehr geherrscht. Und ja, die Brüder Heitger seien hier ebenfalls öfters gesehen worden. Meistens seien sie mit einem Auto vorgefahren. Nette Burschen.

Nette Burschen, jaja. Aber woher bezogen sie ihr Geld? Sie verfügten immerhin über einen kleinen Autopark. Eines ihrer Autos war in letzter Zeit häufig zu Fahrten nach Gladbeck benutzt worden. Nach Aussagen von Nachbarn und Bekannten schienen sie schon in den Monaten vor dem Überfall auf großem Fuß gelebt zu haben. Sehr verdächtig. Ganz zu schweigen von den anderen Indizien.

Tausend Mark setzte der Regierungspräsident auf ihre Ergreifung aus.

Abends redete in Essen alles vom erschossenen Polizisten im Haushalt Hübsche, als die Gäste im Restaurant Hansakrug am Viehofer Platz, bei der Schlenhofstraße gleich um die Ecke, plötzlich verstummten. Herein trat, als ob nichts gewesen wäre, der steckbrieflich überall gesuchte älteste Hübsche-Bruder, Willi, in Begleitung eines jungen Mädchens. Alle Blicke richteten sich auf ihn. Willi schaute befremdet zurück.

»Willi«, soll da der Sohn der Lokalinhaberin gerufen haben, dessen Namen ich nicht herausgefunden habe. »Du hier? Noch keine Zeitung gelesen?«

Während das Mädchen ihm über die schmale Schulter sah, huschten Willis Blicke über die Artikel der Abendblätter. Die Farbe floh aus seinem Gesicht. Seine Gedanken rasten. Er packte seine Begleiterin und stürmte aus dem Lokal, von allen Augen verfolgt. Draußen winkte er eine Autodroschke heran, in die er sich verkroch, das Mädchen an seiner Seite.

»Willi, was ist los?«, fragte sie drinnen. »Hast du etwas mit dem Gladbecker Bankraub zu tun?«

Willi druckste ein bisschen herum, das könne er nicht sagen. Er müsse fort. Dann setzte er an der Westendstraße seine Begleiterin ab, die die Droschke noch Richtung Duisburg wegfahren sah. Schon bald stand die Polizei vor ihrer Tür. Ebenso vor jener des Droschkenchauffeurs. Er habe Hübsche in Essen-West abgesetzt. Hier verlor sich seine Spur.

Derweil wurden Hübsches Schwestern wieder freigelassen. Eine Verdunkelungsgefahr bestehe, so ließ die Polizei verlauten, nicht.

12. Mai 1928

Steckbrieflich gesucht

Die Brüder Heitger, meldeten die Zeitungen, seien letztmals am Morgen des Mordes gegen 8 Uhr 30 auf der Steeler Straße in Essen gesehen worden, in Begleitung einer dritten Person, wahrscheinlich Karl Lindemann, beschrieben als derzeit arbeitsloser Klempner. Der sei jedenfalls eng mit den Heitgers befreundet und jetzt auch verschwunden. Die Polizei zog ein engmaschiges Kontrollnetz auf und versuchte fieberhaft, etwas über die Heitgers herauszufinden. Polizeilich waren sie zuvor nicht aufgefallen. Das machte die Suche nicht einfacher. Sie könnten in Bochum oder bei Verwandten in der Recklinghäuser Gegend Unterschlupf suchen. Von da wäre es zur niederländischen Grenze nicht weit. In Amsterdam würden bald, am Himmelfahrtstag, die ersten Wettkämpfe der Olympischen Spiele starten, erstmals nach Kriegsende wieder mit deutschen Athleten. Der dortige Trubel wäre doch wie gemacht für die Heitgers und Lindemann. Doch es meldeten sich auch Stimmen, dass die Flüchtigen sich kürzlich Pässe für die Schweiz besorgt hätten.

Problematisch war, dass es der Essener Kriminalpolizei nicht gelang, Fotografien der beiden Heitgers aufzutreiben, obwohl doch der jüngere, Heinrich, einen Führerschein besaß und somit in den letzten Jahren mindestens einmal vor die Kamera getreten sein musste. Immerhin, das Bildnis von Willi Hübsche hatte man schnell aus den Akten hervorgekramt. Aus anderer Quelle stammte das

Foto von Karl Lindemann: ein Schnappschuss in Badekleidung. Beide Porträts zierten nun etliche Steckbriefe und Zeitungsseiten.

Währenddessen wurde spekuliert, ob diese Spitzbuben auch für andere amerikanisch anmutende Raubzüge verantwortlich sein könnten. Waren sie vielleicht die Mörder des Essener Zigarrenhändlers Courbois? Was war mit dieser Sache in der Kantstraße in Katernberg im Februar 1926, als Gemeindebaumeister Liebig und Studienrat Niederdräing niedergeschossen worden waren? Und was war mit diesem Raubmord von Byfang im Jahr 1927? Die Vorgehensweise wies unverkennbare Parallelen auf, angefangen bei dem zuvor anderswo gestohlenen Fluchtwagen. Auch bei dem Raubmord an einem Kassenbeamten in Osnabrück waren die Verbrecher in einem tags zuvor in Hamburg entwendeten Kraftwagen mit 50.000 Reichsmark geflüchtet.

Durch feinen Nieselregen strömten derweil am Samstag, dem 12. Mai, die Menschen unter grauem Himmel an den weiten Feldern der Meisenburger Landstraße vorbei, hinein in die Friedhofskapelle von Bredeney. Sie sahen in ihrer Mitte den Essener Polizeipräsidenten, den Kommandeur der Schutzpolizei und Kriminaldirektor Knippschild, gemeinsam mit anscheinend allen Essener Kriminalbeamten, die irgendwie abkömmlich waren. Sie erwiesen Klemens Oßkopp die letzte Ehre. Der schwere Eichensarg, der dort stand, bedeckt mit opulenten Kränzen, von Lorbeerbäumen flankiert, wurde auf Wunsch der Angehörigen noch einmal geöffnet. Frau und Kinder warfen einen letzten Blick hinein. Danach die eigentliche Trauerfeier. Eingeschliffene Rituale versuchten Trost zu spenden. Nachdem der katholische Geistliche den Sarg eingesegnet hatte, sang der Polizeichor auf der Empore von jenseitiger Hoffnung: »Über den Sternen, da wird es einst tagen. Da wird dein Hoffen, dein Sehnen gestillt.« Anschließend formierte sich der

Leichenzug hinaus in die graue Welt. Nach den Beileidsbekundungen am Grab das alte Soldatenlied »Ich hatt' einen Kameraden«, allen Ohren noch so vertraut vom letzten Krieg. Auch hier sollte es wieder einmal Freunden und Angehörigen helfen, dem Tod einen heldenhaften Sinn zu verleihen: »Eine Kugel kam geflogen, Gilt's mir oder gilt es dir? Ihn hat es weggerissen, Er liegt mir vor den Füßen, Als wär's ein Stück von mir.«

15. Mai 1928

Hübsche und die Tänzerin

Der Essener Prater, an einem verregneten Maitag des Jahres 1926 in der Nähe der Margarethenhöhe eröffnet, im Winkel von Lührmannstraße und Norbertstraße, warb für sich als Westdeutschlands größter Freizeitpark und lockte mit Riesengebirgsbahn, Wasserrutschbahn, einem Liliputanerdorf, Motodrom und Bootsbecken. Im Biedermeierrestaurant, reich verziert und auf Gemütlichkeit bedacht, servierten jene, die hier auch in verschiedenen Genres als Künstler auftraten. Eine andere Großgastronomie hieß Zillertal und stellte äußerlich einen großen Tiroler Edelsitz dar, stieg mit mächtigen Tannengruppen, Grotten und Felsen an der einen Seite in Terrassen empor. Innen war sie ausgeschmückt mit Alpenlandschaften. Hier ließ eine ehrenwörtlich echte Oberlandlerkapelle kernige Volksweisen ertönen und wartete unter anderem mit Schuhplattlern auf, während eine fesche Maid, ebenfalls ehrenwörtlich echter alpiner Herkunft, Weißwürste mit Sauerkraut und Würzburger Bräu vom Fass servierte: »Do hoast a Maßerl!« Angezogen wurde das Publikum auch durch Veranstaltungen wie einen Schönheitswettbewerb zwischen Bubikopf und Hängezopf. Vierzig Frauen präsentierten sich dem Publikum und ließen sich von wohl zweitausend Männern beurteilen, die die traditionellen Hängezöpfe lautstark feierten und die Bubiköpfe mit Rufen wie »Gebt uns unseren Wilhelm wieder!« begrüßten. Andererseits votierte die

Damenwelt beim ebenfalls ausgerufenen »Volksentscheid: Schnurrbart oder glattrasiert« gegen die altbackene Mode des Kaiserreichs.

Bis vor Kurzem hatte hier im Prater die 19 Jahre alte Alma Beckmann als Tänzerin ihr Geld verdient. Jetzt war sie zurück in Bochum, wo sie bei Verwandten wohnte. Eines Tages traf sie einen jungen Mann, etwa 25 Jahre alt, schmales Gesicht, Brille, der sich ihr als Willi Berg vorstellte. Wohlhabend war er, zumindest war er mit Geld nicht kleinlich. Aber sein Lebenswandel war unstet. Jeden Tag trieb er sich in einer anderen Stadt herum. Und Alma nahm er mit. Am Sonntag ging es mit dem Auto hoch bis nach Rünthe an der Lippe. Auf dem Rückweg gingen sie in Dortmund schwimmen. Den ganzen Montag verbrachten sie in Steele. »Wie wäre es«, fragte Willi dann, »wenn wir zum Rennen nach Dresden fliegen würden?« Dieser Willi Berg liebte die Rennplätze. Alma war natürlich begeistert. Sie selbst konnte sich solche kostspieligen Extravaganzen nicht leisten. Ihr Willi aber hatte immer eine mit Banknoten schwer gefüllte Aktentasche bei sich. Innerhalb einer Woche hatten sie 700 Mark in Sekt und Schlemmereien durchgebracht. Wie im Film.

Willi aber steckten noch ganz andere Pläne unter seiner hohen Stirn. Er wolle mit ihr nach Hamburg reisen, flüsterte er ihr zu. Schon bald. Wie wäre es mit Mittwochabend? 16. Mai? Und warum von da aus nicht einfach weiter, bis ins Ausland? Kolossal! Ja, wenn man Geld hatte wie im Film, warum dann nicht raus aus dem grauen deutschen Nachkriegsalltag?

Am Mittag vor der geplanten Abreise meldete sich ein Mann bei der Kriminalpolizei. Unter einem Foto in der Zeitung habe er gelesen: »Wilhelm Hübsche, der älteste der Brüder Hübsche, von denen zwei schon festgenommen sind, wird von der Essener Kriminalpolizei gesucht. Er gehört dem Verbrecherkomplott an, das für den Gladbecker Bankraub und vermutlich noch für andere Kapitalverbrechen der letzten Zeit verantwortlich zu machen ist.« Nun, er wisse von einem jungen Menschen, der, nach dem Bilde zu urteilen, der Gesuchte sein dürfte. Der halte sich momentan in einem Privathaus in einer Arbeiterkolonie in Herne auf.

Der diensthabende Kriminalpolizeirat, wissend um den Eklat beim letzten Verhaftungsversuch, bei dem ein Beamter ums Leben gekommen war, traf umfassende Vorbereitungen. Er forderte Schutzpolizei an, die das Gebäude umstellen sollte. Hübsche dürfte aufmerksam und nervös sein. Deshalb werde er sich wahrscheinlich gerne in der zur Straße gelegenen Küche im Erdgeschoss aufhalten, weil er von hier schon aus beträchtlicher Entfernung sehen könne, wer dort herfahre. Also müsse man sich in Verkleidung üben und dann die Falle zuschnappen lassen.

Ein harmlos aussehender Lieferwagen fuhr am Mittwoch, dem 16. Mai, durch Herne. Hinter den heruntergelassenen Vorhängen saßen ein Oberleutnant und zwanzig Wachtmeister. Den Fahrer zierten keinerlei Uniformabzeichen. In scharfer Fahrt lenkte er den Lieferwagen durch die Straße, bis er vor einem Haus hielt. Blitzschnell sprangen die Polizeibeamten hervor, schwärmten aus und umstellten rasch den Häuserblock. Unterdessen kam ein zweiter Wagen vorgefahren, aus dem neun Kriminalbeamte stiegen. Diese drangen zielstrebig ins Haus ein und verteilten sich auf die Zimmer. Helle Aufregung herrschte bei den Bewohnern, aufgesperrte Augen, ungläubiges Nachfragen, hochgerissene Arme. Nur einer beteiligte sich nicht daran. In einem Zimmer neben der Küche fanden die Polizisten einen Mann versteckt hinter einer Gardine hocken. Das wird ein skurriler Anblick gewesen sein. Der Entdeckte entpuppte sich als ein Mann mit tadellosem Äußeren, von Kopf bis Fuß neu eingekleidet und mit Brille auf der Nase. Äußerst erschreckt schaute er, als man ihn fand.

»Hände hoch!«, rief die Polizei. Er nahm die linke hoch, behielt aber die rechte Hand in der Hosentasche.

»Ich warne Sie! Hände hoch!«

Keine Reaktion. Der Beamte fixierte die verborgene Hand in der Tasche. Sein Herz schlug laut. Sein Zeigefinger krümmte sich am Abzug. Da aber griff sein Vorgesetzter, der Kriminalpolizeirat, ein. Er schritt beherzt auf den Verdächtigen zu, packte dessen rechten Arm und zog ihm die Hand aus der Hosentasche. Er war unbewaffnet.

»So, Herr Willi Hübsche!«

»Das ist eine Verwechslung. Ich bin nicht Willi Hübsche, ich heiße Berg, Willi Berg.«

Bei dieser Aussage blieb er allerdings nicht. Bald würde er schließlich gewiss Polizisten vorgeführt werden, die ihn von früher kannten. Also gab Hübsche sich zu erkennen. Seine anfängliche Bestürzung ob der Festnahme legte sich. Ohne Widerstand, dafür aber mit großer Geste, ergab er sich in sein Schicksal, so wird berichtet. Er wurde recht redselig und plauderte vergnüglich lächelnd mit den Beamten, als wenn er die Sache nicht allzu tragisch nähme.

»So habe ich den Willi Berg noch nie gesehen«, sagte dessen Freundin Alma Beckmann erstaunt, während sie ihn, sichtlich überrascht von der aufgeräumten Stimmung, in der sich auf einmal ihr Liebhaber befand, betrachtete. »Sonst war er immer so wortkarg und in gedrückter Stimmung. Wenn ich ihn etwas fragte, ging er nicht aus sich heraus, sodass ich schon lange den Eindruck hatte, dass mit ihm etwas nicht in Ordnung sein müsse. Ich hielt ihn für einen wohlhabenden Sportsmann.«

Die Polizei fand schnell zwei neue Lederkoffer, die Hübsche als die seinen anerkannte, dazu 700 Mark in bar. Irgendwann zog die Polizei ab, nahm neben Willi Hübsche auch Alma Beckmann, ihre

Freundin sowie deren Mutter und Bruder, in deren Wohnung sie gefunden worden waren, mit.

Hübsche kam zunächst ins Gefängnis von Herne, dann wurde er zu später Abendstunde in das Essener Polizeigefängnis eingeliefert, wo seine Brüder Jakob und Anton sowie sein Vater August bereits einsaßen. Freundlich verabschiedete er sich am Polizeipräsidium von den Kriminalbeamten, die ihn im Auto von Herne abgeholt hatten. Dann ließ er sich in seine Zelle abführen.

»Ich fühle mich sehr wohl«, soll Willi geseufzt haben, »und freue mich, nunmehr Ruhe zu haben.«

Die war aber von kurzer Dauer. Bald schon nämlich bekam er Besuch. Als er aufsah, erkannte er ihn sofort. Kriminalkommissar Lamprecht, Leiter der Essener Mordkommission. Mit dem hatte Hübsche schon mehrere Male zu tun gehabt, sozusagen beruflich. Entsprechend begrüßte er ihn verschmitzt lächelnd: »Na ja, Herr Kommissar, wir kennen uns ja schon lange.«

Am Himmelfahrtstag unterzog ihn die Polizei dann einer eingehenden Vernehmung. Willi Hübsche stritt jede Verbindung zu dem Gladbecker Raub ab, doch was genau er aussagte, drang nicht an die Öffentlichkeit. Im Interesse der Untersuchung bleibe die Öffentlichkeit über seine Angaben im Dunkeln, ließ die Polizei verlauten. Das war aber offenkundig nur ein Bluff. Hübsche hat so gut wie nichts zu Protokoll gegeben.

Die gemeinsam mit Willi Hübsche verhafteten Personen wurden schon bald wieder auf freien Fuß gesetzt, bis auf die frisch mit ihm verlobte Alma Beckmann. Ob sie von Hübsches Untaten gewusst hatte, ließ sich nämlich einstweilen nicht eindeutig feststellen. Es schien sehr wohl möglich, dass sie ahnungslos gewesen war, was sie sich da für einen Bräutigam zugelegt hatte. Gefragt, ob sie denn nicht in der Tagespresse das Bild des Bankräubers gesehen habe, erwiderte sie, dass Hübsche ihr mit auffallender Ängstlichkeit alle Zeitungen vorenthalten habe. Wohl sei ihr aufgefallen, dass er stets viel Geld bei sich hatte, aber sie habe angenommen, dass er das Geld auf den Rennplätzen zu gewinnen pflegte. Das jedenfalls habe er ihr mehrfach erzählt. Erst durch die Verhaftung seien ihr die Augen aufgegangen. Schließlich kam auch sie wieder auf freien Fuß. Enttäuscht wird sie gewesen sein. Doch kein Leben wie im Film. Kein Champagner mehr, keine Ausflüge, schon gar nicht ins glamouröse Ausland. Stattdessen grauer Alltag. Aber sie sollte Willi Hübsche nicht vergessen, sondern wiedersehen. Der Traum, den sie mit ihm genossen hatte, scheint schöner gewesen zu sein, als ihr die Enttäuschung bitter schmeckte.

19. Juli 1928

Flucht ins Gebirge

Um zu erklären, wo nun die restlichen Gesuchten waren, muss ich einen Zeitsprung machen, zurück zum Morgen von Oßkopps Tod: Karl Lindemann wartete wie verabredet am Bahnhof in Altenessen und hatte, wie es der Vater von Willi Hübsche dringend angeraten hatte, die Fahrkarten nach Südbayern gelöst. Aber seine Freunde kamen und kamen nicht. Endlich erschien zumindest ein Verwandter von Willi Hübsche, der in höchster Erregung erzählte, dass Heinz gerade einen Kriminalbeamten erschossen habe. Während Lindemann noch zu verarbeiten versuchte, was er da gerade hören musste, trafen die beiden Heitgers ein.

»Fast sind wir geschnappt worden«, keuchten sie. »Die Polizei ist bei Hübsche aufgetaucht. Heinz hat einen Kriminalbeamten niederfeuern müssen, um loszukommen.«

»Wir sind jetzt an der Reihe gewesen«, meinte Johann zu Karl. »Jetzt kommst du dran, wenn es gilt, jemanden zu erschießen.«

Spätestens nun war klar, dass sie nicht mehr heimkehren konnten. Aber wie geplant auf direktem Weg nach Bayern zu fliehen, schien ihnen auch unklug. Also Schleichwege. Von Altenessen fuhren sie zunächst nach Steele, dann sprangen sie auf die Straßenbahn nach Bochum, anschließend ging es zu Fuß weiter nach Wetter, nach Hagen und von da wieder mit der Bahn nach Gießen, wo sie eine Nacht verbrachten. Als sie es nach Frankfurt am Main geschafft hatten, blieben sie erst einmal hier. Den Zeitungen und Radiomeldungen entnahmen sie, dass die Grenzen streng überwacht wurden.

Also mussten sie wohl oder übel ihr Glück in Deutschland versuchen. In Hotels oder bei Bekannten konnten sie schlecht unterkommen, ungeachtet allen Geldes, über das sie verfügten. Stattdessen brachen sie möglichst dezent in Gartenlauben, vorzugsweise in Schrebergärten, ein. Jede Nacht suchten sie woanders Unterschlupf. Obwohl sie sich, als die Zeit verging und sie nicht festgenommen wurden, wieder sicherer fühlten. Die Zeitungen fanden andere Neuigkeiten, berichteten von Stresemanns schwerer Erkrankung. Von den Reichstagswahlen. Von einer gewaltigen Giftgasexplosion in Hamburg, die mehrere Tote forderte. Von einer Schießerei im Belgrader Parlament. Sensation auf Sensation überschattete die Erinnerung an die Taten der Heitgers.

Tagsüber tauchten die drei Ruhrgebietler im Menschengewühl Frankfurts unter, bummelten über die Zeil und gingen ins Kino. Nur dröge auf die Verhaftung zu warten, würde ja wohl auch nichts bringen. Dann doch lieber etwas von dem Geld unter die Leute bringen.

Karl Lindemann jedoch verlor angesichts nie gekannter finanzieller Spielräume schnell jegliches Maß. Während eines Abendbummels verjubelte er erst 800 Mark und verlor dann auch noch seine beiden Freunde aus den Augen. Was tun? Sie übernachteten nie zweimal hintereinander im selben Unterschlupf. Wo sie schliefen, entschieden sie immer spontan, nutzten sich bietende Gelegenheiten. Für den Fall, dass sie getrennt würden, hatten sie allein verabredet, sich an der Münchner Frauenkirche zu treffen, zwischen zehn und elf Uhr.

Also machte sich Lindemann auf in die bayerische Landeshauptstadt. Hier lauerte er Vormittag für Vormittag am Gotteshaus. Die Heitgers kamen nicht. Seine Lage spitzte sich zu. Nicht nur, dass die Nächte unbequem waren. Er schlief in den Laubenkolonien an der Theresienwiese und auf Bänken in den diversen Parkanlagen. Zu allem Übel ging Lindemann auch das Bargeld aus.

Verzweifelt verkaufte er erst seinen Mantel, dann seine Uhr, um sich irgendwie über Wasser zu halten. Tage vergingen. Dann Wochen. Schließlich, als er lange nach dem vereinbarten Zeitpunkt von der Frauenkirche weggeschlendert, am gelben Stadtpalais der Hauptpost in der Residenzstraße vorbei, immer hin und her, an den Arkaden der Maximilianstraße entlanggegangen war und sich ans Denkmal auf dem Max-Joseph-Platz gesetzt hatte, sah er zwischen den Touristen und Einheimischen: Hans und Heinz. Was für ein freudiges Wiedersehen! Dann wurden die Brüder aber auch ernst, schauten ihrem Freund eindringlich in die Augen. Er dürfe nicht so mit Geld um sich werfen! Er solle hergeben, was er noch habe, sie würden es für ihn verwahren.

»Ich habe kein Geld mehr!«, antwortete Lindemann. Da beschlossen die Heitgers, ihm von nun an tagtäglich eine Art von Taschengeld auszuzahlen und ansonsten für ihn zu sorgen. Einverstanden? Lindemann nahm das Angebot verständnisvoll an. Ihm sollte es recht sein. Er ließ sich gerne umsorgen. Die Heitgers nahmen Lindemann mit zur schönen Privatpension, in der sie untergekommen waren. Bei Frau Forster in der Augustenstraße. Wochenlang blieben sie hier. Unter falschem Namen selbstverständlich.

Irgendwann wurde ihnen München zu langweilig. Das Wetter war schön. Warum nicht zur Erholung nach all den Aufregungen nach Oberbayern reisen? Vom großstädtischen Häusermeer machten sie sich auf gen Süden, Garmisch und den Alpen entgegen, vorbei am Starnberger See, nach Seehausen am Staffelsee. Hier kannten sich Hans Heitger und Karl Lindemann schon ein bisschen aus, schließlich hatten sie es auf ihrer Wanderschaft sogar noch ein Stück weiter südlich geschafft, bis zum Walchensee.

Als Karl Bergmüller sowie Franz und Hermann Merz bezogen sie im Hotel Führer am See Quartier. Angeblich Industriellensöhne. Der Gasthofbesitzer interpretierte ihren Dialekt als niederrheinisch. Seine Gäste zahlten gut. Tagsüber genossen sie das Alpenpanorama, das berühmte Hochland, die diversen Buchten des Sees, in denen sich die drei im Westen stehenden Gipfel des Hörnle so schön spiegelten. Auch der Wald spiegelte seine Wipfel im See, und die Gipfel warfen ihre Schatten über die Flut. Kolossal, wie der Himmel das Wasser abends in dramatisches Rot tauchte! Und wenn kein Lufthauch die Oberfläche kräuselte, hätte man meinen können, ein mit Quecksilber gefülltes Becken vor sich zu haben. So jedenfalls verspricht es zeitgenössische Werbung für die Region. Sie vertrieben sich, berichtet Lindemann später, die Zeit mit Paddelfahrten auf dem warmen Seewasser und besuchten diverse der sieben Inseln. Sie unternahmen Gebirgstouren, genossen frische Luft und freie Sicht, über die Ammerberge bis ins Allgäu, in sattes Grün wie in eine Reihe wilder Felsspitzen. Turmhohe Felsenbastionen, in allen Farben schillernd, schlossen ihrerseits Täler ein, und hinter diesen Bastionen stiegen neue und immer wieder neue Bergesriesen auf, der eine immer das Haupt über den andern erhebend. In den zahlreichen Klüften, die sie durchrissen, wuchsen Bäume und Sträucher. Je tiefer herab, desto dichter wurde der Wald. Das steht nicht in Werbetexten, sondern in Karl Mays *Der Schatz im Silbersee*. Nur als kleine Erinnerung, dass es sich bei der Geschichte der Heitgers eigentlich um einen Western handelt. Die Outlaws legten sich ins Almgras und ließen in sonnigen Höhen einfach die Zeit verstreichen, lebten so, als ob das Schicksal sie wirklich als Industriellensöhne auf die Welt gebracht hätte. Sie lauschten dem Geläut des Viehs. Sie kauften sich Lederhosen in oberbayerischem Stil. Und oftmals gingen sie nach gutem Essen und Trinken auch tanzen. Trinkfest waren sie. Sie fielen auf als lustig und durchaus freigiebig. Das führte zu nicht gerade wenigen Damenbekanntschaften. Mit zwei Frauen aus Saarbrücken freundeten sie sich besonders gut an. Eine blond und redselig. Einen ganzen Abend erzählte sie einmal über die Märchen von Grimm und Andersen. Die andere schäkerte gerne. Jeden Mann lächelte sie so lange an, bis dieser ihr Lächeln erwiderte. Sobald dies aber erfolgte, beschwerte sie sich bei ihrer Herrenbegleitung: Sie werde belästigt.

Vielleicht erwuchs aus so einem Verhalten in der Nacht zum 19. Juli in einer Wirtschaft ein Streit mit Gästen aus Weilheim. Eine Szene wie im Western. Drei Fremde standen im Saloon einer Übermacht von ungefähr zwanzig Einheimischen gegenüber. Erst Worte, dann Pöbeleien, dann fielen die Kerle übereinander her. Fäuste flogen, Messer wurden gezückt. Dem Kaufmann Wörnle wurde von Karl ein Messerstich verpasst, durch den Rücken in die linke Lunge. Kein Spaß. Karl selbst bekam einen eisernen Gartenstuhl über den Kopf geschlagen, sodass er stark blutend niedersank. Auch die Heitgers bekamen ihren Teil ab.

Schließlich schritt die Murnauer Gendarmerie ein.

»Es war ja nur Notwehr!«, versicherte Karl dem Kommissar. Er hatte sich mittlerweile aufgerappelt. Sein Gesicht war ganz bleich, aber nicht von der Verletzung.

»Quatsch!«, protestierte entrüstet ein junger Kellner. »Das war doch ein Rückenstich!«

»Ist ja auch nur Notwehr!«, fuhr ihn Karl darauf an. »Das verstehst du nicht!«

Da trat der ältere der vermeintlichen Industriellensöhne, der doch am wenigsten an der Prügelei beteiligt gewesen war, auf den Kellner zu, beugte sich vertraulich zu ihm, blickte ihm in die Augen und sagte: »Meine Mutter, Mensch! Meine Mutter!«

Der Kellner wusste nicht, was das heißen sollte. »Dir passiert doch nichts!«, meinte er etwas verwirrt.

»Meine Mutter«, wiederholte sein Gegenüber leise und sein Blick wandelte sich von eindringlich zu entsetzt. Der Kellner erschrak. Dieser Wortwechsel ist jedenfalls in Zeitungen überliefert und soll aus der Feder von Ödön von Horváth stammen. Keine Ahnung, welches seine Quellen gewesen sein mögen.

Sicher aber ist, dass die Polizei die Ruhrpottler, die ganz bleich geworden waren, mitnahm und sie nach ärztlicher Behandlung in das Gendarmerielokal brachte. Komische Vögel waren das. Stolze 40.000 Mark trugen sie bei sich. Aber keine Ausweise. Bei der Vernehmung gaben sie sich ausgesprochen einsichtig und beschwichtigend. Sie gestanden ein, die Rauferei veranlasst zu haben, und gelobten Besserung. Da die Verletzung Wörnles nicht lebensgefährlich war, mussten die drei Kerle wohl oder übel aus der Gendarmeriestation entlassen werden. Aber da sei das letzte Wort noch nicht gesprochen!

Wackersteine fielen den Heitgers und Lindemann vom Herzen, als sie zurück in ihrem Zimmer waren. Dort schmissen sie eilig ihr Hab und Gut in die Taschen. Wer wusste schon, ob die örtlichen Polizisten nicht irgendwann doch noch aus Versehen über ihre Steckbriefe stolperten. Nicht unwahrscheinlich, dass sie da direkt an der Wand gehangen haben. Mehr Glück als Verstand hatten sie gehabt. Wenn ich es mir ausgedacht hätte, würde ich es mir nicht glauben, so unwahrscheinlich erscheint mir, dass die Gesuchten einfach wieder laufen gelassen wurden. Hier jedenfalls, das war ihnen klar, waren sie nicht mehr sicher. Nun ja, sie erachteten sich ohnehin nach mehrwöchigem Hotelaufenthalt durch Sport- und Gebirgstouren genügend gestärkt. Der Aufenthalt in Bayern hatte die kleine Summe von 9.000 Mark verschlungen.

29. August 1928

Der Einbruch ins Polizeipräsidium

Weil die Abgelegenheit der Berge ihnen keine Sicherheit mehr bot, kehrten die gesuchten Verbrecher am 20. Juli nach München zurück. Unruhig waren ihre zwischenzeitlich erholten Blicke wieder geworden, erkannten überall Gefahrenpotenzial. Wer konnte schon sagen, ob ihre Abreise nicht erst recht intensive Recherchen zur Folge haben würde? Deshalb stiegen sie zwar zunächst in einer Pension in der Theresienstraße ab, wo sie die Kopfverletzung Lindemanns mit einem Verkehrsunfall erklärten. Doch von hier verabschiedeten sie sich bereits am 23. Juli. Sie müssten heimkehren, erläuterten sie mit einem Ausdruck des Bedauerns. Ihre Eltern würden sich um sie sorgen. Und Letzteres war gar nicht einmal gelogen. Was ihre Eltern wohl gerade machten und dachten? Das würde ich übrigens auch gerne wissen. Dass die Mutter sich weigerte zu glauben, ihre Jungens könnten in kriminelle Machenschaften verwickelt sein – das habe ich herausgefunden. Viel mehr nicht. Auch ob die Toten, Küpper und Oßkopp, wohl ihre Gedanken und Träume heimsuchten, würde ich gerne wissen. Ich weiß aber nur, dass die Heitgers und Lindemann Abschied nahmen. Ihre Gastgeber sahen ihnen nach, als die Burschen in einer Kraftdroschke wegfuhren.

Am selben Tag noch logierten sie sich als die Herren Bergheim, Mertens und Sander in einer anderen Pension ein. Nichts passierte.

Nach ein paar Wochen wagten sie es, einer Dame, die sie in Oberbayern kennengelernt hatten, einen Besuch abzustatten und dafür sogar wieder unter ihren Namen vom Staffelsee, Karl Bergmüller, Franz und Hermann Merz, aufzutreten.

Doch quälte sie die Ungewissheit, ob man ihnen auf der Spur sei. Die Zeitungen schwiegen. Sie beschlossen, sich ins Münchner Polizeipräsidium zu stehlen, um dort im Vorraum ihren eigenen Steckbrief zu suchen. Da hing er, dort stand es: Sie wurden weiterhin gesucht. Zwar immer noch ohne Bild von den Heitgers, dafür aber von Karl Lindemann. Sie brauchten dringend Ausweispapiere, sonst könnte jede Begegnung mit der Polizei verhängnisvoll werden. Wo aber Ausweise hernehmen? Kontakte zu einschlägigen dunklen Kanälen hatten sie nicht. Das hieß, dass sie sich freiwillig in die Höhle des Bayerischen Löwen begeben mussten.

»Ihr seid verrückt!«, schimpfte Lindemann. »Mein Bild hängt an allen Plakatsäulen angeschlagen und nun sollen wir ins Polizeipräsidium einbrechen? Ihr habt gut reden, von euch haben die keine Bilder.« Aber er wurde überstimmt.

Mit unschuldiger Miene sah man Hans Heitger in die erste Etage des eindrucksvollen Münchner Polizeipräsidiums in der Ettstraße schlendern, ins Passbüro. Unbekümmert schaute er sich um, als er sich mit klopfendem Herz nach ein paar Belanglosigkeiten erkundigte, in Wahrheit aber versuchte, sich die Lokalitäten möglichst präzise einzuprägen. Und – wie praktisch! – noch mehr fand sich da, was für einen späteren Besuch von Vorteil sein könnte.

Spät abends am 29. August kamen sie wieder und entdeckten zu ihrer Freude, dass eine Toreinfahrt direkt neben dem Haupteingang offen stand. Die erste Hürde war genommen, sie standen im Hof. Und nun? Stand da etwa ein Fenster im Hochparterre offen? Glück muss man haben! Sie schlichen durch die langen und dunklen Gänge, in beständiger Hoffnung, dass sie so leer waren, wie sie schienen. Endlich standen sie vor der Tür des Passbüros. Und zu der hatten sie sich einen Nachschlüssel anfertigen können. Hineingehuscht und die Tür leise zugezogen. Sie durchwühlten alles, erbrachen Schränke und zogen schließlich mit triumphalem Gefühl wieder ab, die langen Gänge zurück, zum Fenster hinaus, aus dem Hof. Alles reibungslos.

Die Polizei fiel aus allen Wolken, als sie merkte, dass irgendjemand in der Nacht dreist ins Münchener Polizeipräsidium eingestiegen war, um im Passbüro mehrere Blankoformulare, den Polizeistempel und zehn schon ausgefertigte Pässe zu stehlen.

Da waren die Heitgers und Lindemann bereits wieder abgereist, wieder nach Frankfurt am Main, wo sie sich für eine Nacht als Linde, Wertheim und Sander ins Hotelbuch eintrugen. Eigentlich waren sie der Reiserei müde. Am liebsten wären sie heim ins Ruhrgebiet gefahren, noch einmal die Eltern sehen. Hans dachte wohl auch immer öfter an seine Maria, weil in ihm die Überzeugung wuchs, dass sie es war, die er liebte. Sie machten sich sogar bereits auf den Weg ins Ruhrgebiet. In Duisburg aber schien ihnen das dann doch zu tollkühn. Eingeschüchtert von ihrer eigenen Courage lenkten sie ihre Reise Richtung Köln. Mitte September kamen sie in der Metropole des Westens an. Vielleicht hätten sie lieber ins Ruhrgebiet fahren sollen. Köln sollte ihnen kein Glück bringen.

September 1928

Versteckt im Westen

Die Frau des Postschaffners Gottfried Rensinghoff stand Mitte September 1928, wie schon so oft, in den späten Abendstunden am Kölner Hauptbahnhof, um ein Zimmer zu vermieten, ideal für Durchreisende. Also betrachtete sie die Menschen, die aus der gewaltigen Glas- und Stahlkonstruktion der Bahnsteighalle ins historistische Empfangsgebäude strömten, und sprach orientierungslos wirkende Zeitgenossen an. Abends war die potenzielle Kundschaft besonders verzweifelt und dankbar. Gerade lief die Vermietung sehr gut, fand doch in Köln die Pressa statt, eine gewaltige Internationale Presse-Ausstellung, für die man eigens die Messehallen direkt auf der gegenüberliegenden Rheinseite mit Backstein ummantelt und den sogenannten Pressaturm hochgezogen hatte. Wahrscheinlich viel Tamtam und ein großes Verlustgeschäft, dieses Prestigeprojekt von Oberbürgermeister Adenauer, aber für Leute mit Fremdenzimmer ein Segen. So dauerte es auch an diesem Septemberabend nicht lange, bis die Rensinghoff wieder drei Interessenten für ihre Zimmer an der Angel hatte. Sie stellten sich als Heinz Heid, Hans Heid und Karl Lind vor. Ein schönes Zimmer? Ohne die lästigen Anmeldeprozeduren? Gerne für längere Zeit. Ja, aber das wäre doch famos.

Gemeinsam ging es nach Norden, einen großen Rohrplattenkoffer im Schlepptau, Richtung Zoologischer Garten und Flora, die

Riehler Straße hinauf, vorbei am großen Justizgebäude am Reichenspergerplatz. Über dem prächtigen Haupteingang blickte die Göttin der Gerechtigkeit mit unverbundenen Augen nach vorne, Gesetzbuch in der Linken, Schwert in der Rechten. Noch etwas weiter, dann hielt die Rensinghoff vor dem stattlichen Haus Riehler Straße 86, Eingang Worringer Straße. Hier wohnte sie schon seit Jahren. Ganz früher war unten im Haus ein Café mit Terrasse gewesen, das dann bis vor Kurzem als Polizeirevier diente.

»Hier wohnen nur bessere Familien«, versicherte Frau Rensinghoff ihrer jugendlichen Kundschaft und zeigte wohl auf dem Weg zur Mansarden-Etage im dritten Geschoss stolz die Wohnungstüren honoriger Bankdirektoren, als wären dies Sehenswürdigkeiten.

»Lustige Burschen sind das, die du da mitgebracht hast«, meinte Postschaffner Gottfried Rensinghoff einige Tage später zu seiner Frau. »Jeden Morgen schlafen sie bis zwölf Uhr, gehen dann am Nachmittag aus und kommen meistens erst spät nachts zurück, oder besser gesagt früh morgens.«

Probleme gab das alles aber nicht, obwohl die Burschen nicht selten geräuschvoll und in weiblicher Begleitung zurückkamen. Die Rensinghoffs machten sich nichts daraus. Sie zahlten regelmäßig und in bar. Aus dem professionellen Zusammenleben entwickelte sich ein vertrauensvolles Miteinander. Der Postschaffner und seine Frau zechten mit ihren Untermietern bis spät in die Nacht, bis sich sogar die vorgesetzte Behörde des Postschaffners erkundigte, wie es denn um sein Privatleben stehe. Einer der Burschen versuchte, in das Dienstmädchenzimmer der Familie des Kaufmanns Wilhelm Burg im dritten Stock einzudringen. Ansonsten erzählten die Kerle auch viel von ihren nächtlichen Erlebnissen, von ihrem Besuch der Pressa und dem prächtigen Rahmenprogramm. Von der Hindenburgfeier am verregneten Samstag, dem 29. September, mit riesigem Orchester vor dem Staatenhaus, noch größerem Massenchor und abschließendem Feuerwerk, aus dem als Schlussbild das euphorisch beklatschte Porträt des Reichspräsidenten stieg, vom Orchester begleitet mit dem Deutschlandlied. Zehntausende schmetterten mit, während am anderen Ufer eine prunkvolle nächtliche Dom- und Rheinbeleuchtung aufflammte.

Seit Anfang September trat der berühmt-berüchtigte Kabarettist Joachim Ringelnatz allabendlich im Varietétheater Groß-Köln in der Friesenstraße auf. Die Kinos lockten Hans, Heinz und Karl mit *Anna Karenina* mit Greta Garbo im Fränkischen Hof in der Komödienstraße, dem Kriminalstummfilm *Die Yacht der sieben Sünden* und vor allem dem neuen Werk von Josef von Sternberg, *Unterwelt*, das im Agrippina-Theater in der Breite Straße lief und als der größte Kriminalfilm aller Zeiten angepriesen wurde. Ein wahrer Fall sei das, hieß es, die Handlung amerikanischen Polizeiakten entnommen. Und überall lockten Etablissements mit Salon- und Jazzorchestern zum Tanz, manche auch mit den neuesten Schallplatten.

Bis zum 7. Oktober blieben die drei. Dann verabschiedeten sie sich. Sie müssten weiter. Einige Tage, nachdem ihre Gäste ausgezogen waren, am Dienstag, dem 16. Oktober 1928, durchblätterte Herr Rensinghoff die Zeitung, als ihm bei der Lektüre einer amtlichen Bekanntmachung fast die Luft wegblieb. »Unsere Herren!«, keuchte er. Aufgeregt rief er nach seiner Gattin und las ihr vor, auf wen eine Belohnung von 19.000 Mark ausgesetzt war.

19. Oktober 1928

Trügerische Stille

Südöstlich den Rhein entlang, vorbei an diversen romantischen Burgen und dem Loreleyfelsen, fuhren die Heitgers und Lindemann bis nach Rüdesheim. Jene zwei Schwestern aus Saarbrücken erwarteten sie dort, deren Bekanntschaft sie beim Aufenthalt in Südbayern gemacht hatten. Das war ein heiteres Wiedersehen. Doch nach vergnüglichen Tag- und Abendstunden verabschiedeten sich Johann, Heinrich und Karl von ihren Damen. In Frankfurt besprachen sie, wie es weitergehen sollte. Ihre finanziellen Mittel gingen zur Neige. So ein Leben auf der Flucht war teuer, wenn man es sich nebenher auch noch gut gehen ließ. Nicht dass sie schon alles Geld aus dem Bankraub aufgebraucht hätten, aber den Rest hatten sie gut in Altenessen versteckt. Als sie damals Hals über Kopf hatten fliehen müssen, war ihnen ein Abstecher zu ihrem Schatz zu riskant gewesen. Aber Geld mussten sie haben. Das wird eine spannende Reise gewesen sein, in den Pott, wo sie so viele Menschen kannten, zu ihrem Versteck, die restlichen Scheine in die Tasche gepackt und dann nichts wie weg. Leider habe ich keine packende Schilderung zu dieser Unternehmung gefunden, also muss ich das der Phantasie überlassen. Danach jedenfalls fuhren sie zurück nach Köln. Zur Wohnung in der Riehler Straße 86. Mit den Rensinghoffs hatten sie sich schließlich gut verstanden.

Vielleicht hätte es ihnen ein schlechtes Omen sein sollen, dass sie bei ihrer Ankunft am Hauptbahnhof einen frisch gedruckten Steckbrief mit ihren Namen ausgehängt fanden. Sie besprachen sich. Eine Nacht, dann würde man sich aus dem Staub machen. Doch zunächst weiter nach Plan.

Freudig überrascht versuchte das Ehepaar Rensinghoff wohl zu schauen, als es am 19. Oktober die Wohnungstür öffnete und ihre früheren Gäste erblickte, die sie freudig begrüßten. Ob das Zimmer noch frei sei.

Sie wurden eingelassen. Dann gab es etwas zu trinken, und irgendwann gingen Hans, Heinz und Karl hinauf, um sich schlafen zu legen. Sie hörten nicht, wie das Ehepaar Rensinghoff miteinander tuschelte. Früh morgens, als sie noch schliefen, zog der Postbeamte seine sorgsam gesäuberte blaue Uniform mit blankgeputzten Knöpfen an, schloss leise die Wohnungstür hinter sich, stahl sich die Treppen hinunter und ging aus dem Haus, ein paar Meter südlich die Riehler Straße runter, dann über die Straße in die Blumenthalstraße bis zur Hülchrather Straße, um die Kavallerie zu rufen. Hier, an der Rückseite des Justizgebäudes am Reichspergerplatz, war der Eingang zum örtlichen Polizeirevier.

20. Oktober 1928

Der Verrat

Als Postschaffner Rensinghoff stellte sich der Mann in Uniform frühmorgens am Samstag, dem 20. Oktober, dem Wachtmeister vom Dienst auf dem 29. Revier vor. Er habe da einen Steckbrief gelesen, druckste der Blaurock herum, bezüglich der gesuchten Brüder Johann und Heinrich Heitger sowie Karl Lindemann. Gesucht wegen Mordes. Er wisse, wo diese Gangster sich aufhielten. Sie seien seine Untermieter, gleich hier um die Ecke, Riehler Straße.

Der Wachtmeister zeigte sich unbeeindruckt. Er sei da der falsche Ansprechpartner, sagte er lapidar. Für Widerstand gegen die Staatsgewalt, Zweikampf, Verbrechen und Vergehen wider das Leben, Körperverletzung, Raub und Erpressung seien die Kollegen in Zivil von der dritten Kriminalinspektion zuständig. Und dann, als der Postbeamte etwas hilflos in die Gegend schaute, erklärte er langsam und deutlich: »Sie müssen ins Kommissariat XI, Herr Rensinghoff, zur Kriminaldirektion Am Weidenbach 10. Die haben ein offenes Ohr für Ihre Sorgen.«

Eigentlich hatte Postschaffner Gottfried Rensinghoff seiner Gattin, die nur ausgesprochen ungern allein mit den Raubmördern zurückgeblieben war, versichert, in ein paar Minuten mit Verstärkung zurückzukommen. Schweren Herzens verließ Rensinghoff nun die Polizeiwache und ging fort von daheim, gen Süden, bis er kurz nach sieben ins über drei Kilometer entfernte graue Dienstgebäude gegenüber der romanischen Basilika St. Pantaleon gelangte. Er fragte sich durch, bis er auch dort sein Zeitungsblatt mit dem

Heitger-Steckbrief vorlegen durfte. Der zuständige Kommissar erscheine acht Uhr zum Dienst, war die Antwort.

»Es geht um die Brüder Heitger«, soll Rensinghoff gestammelt haben. »Vielleicht löst sich ja alles auf. Haben Sie denn Fotografien von den gesuchten Burschen, die ich mir anschauen könnte, um sicherzugehen?«

»Bilder können wir Ihnen leider nicht zeigen.«

Ich stelle mir vor, wie Rensinghoff frustriert die Augen rollt. »Ich komme wieder, wenn der Kommissar da ist.« Er streunte bei milden Temperaturen etwas vor der Tür herum, während er nervös die Uhr konsultierte und sich fragte, was wohl seine Gattin daheim denken und tun mochte. Endlich, ein paar Minuten nach acht, empfing ihn Kriminalkommissar Josef Wendling in Zimmer 97b. Ein tüchtiger, durchaus ehrgeiziger Beamter, der das Rampenlicht nicht scheute. Aufmerksamen Zeitungslesern war er noch vertraut wegen dieser Giftmordsache mit Doktor Broicher im Jahr 1926.

Am Kölner Hauptbahnhof habe es angefangen, beichtete Rensinghoff mehr, als er Kommissar Wendling berichtete. Er bekomme ein schmales Gehalt. Und die Teuerung. Da dachten seine Frau und er, sie könnten ihre Kasse durch ein paar Mark Miete aufbessern. Und dann erzählte er von den drei Burschen, die ihnen da Mitte September ins Haus geschneit seien. Die Miete immer pünktlich. Gepflegt gekleidet. Kulturell interessiert. Er sei nun wirklich ein pflichtbewusster preußischer Beamter, aber dass solche netten Mieter irgendetwas auf dem Kerbholz haben könnten, das habe er sich nun wirklich nicht denken können. Deshalb, das könne man doch nachvollziehen, habe er vorübergehend vergessen, dass nicht nur das Zimmer nicht angemeldet war, sondern auch die Untermieter sich selbst nicht bei den Behörden angemeldet haben könnten. Erst nach ihrer Abreise habe er etwas in der Zeitung gelesen, das er seitdem nun wirklich weder fortwischen noch vergessen könne. Rensinghoff wedelte mit dem Stück Zeitung, das er bei sich hatte. Die Ähnlichkeit der Vornamen. Aber er habe sich die Pässe zeigen lassen, und in denen seien als Namen seiner Untermieter Heinz Heid, Hans Heid und Karl Lind angegeben gewesen. Davon habe er sich selbst überzeugt. Er sei nämlich sehr ordnungsliebend. Aber im Abschnitt besondere Merkmale stehe in der Zeitung: Abstehende Ohren und auffallend große Nasenlöcher, außerdem noch: Sie sprechen Dialekt, wie er im Ruhrgebiet gesprochen wird. Ja nun, das traf beides zu.

»Unsere Herren!«, habe er da ausgerufen. Aber da waren die drei schon abgereist, und er wisse ja auch nicht, ob er mit seinem Verdacht richtig liege. Nun aber seien die drei wiedergekommen. Er wolle ja hilfreich und ein treuer Staatsbürger sein. Aber, das gestehe er aufrichtig, nun fürchte er bestraft zu werde für diese gute Tat. Wegen der leidigen Sache mit der Zimmervermietung. Schließlich sei er Beamter. Rensinghoff wies auf seine Uniform. Und mit fast ärgerlicher Stimme fuhr er fort: »Die Zeitungen bringen doch immer Abbildungen von den Leuten, die von der Polizei gesucht werden. Wenn ich Fotos von denen gesehen hätte, die gesucht werden, dann wäre es mir möglich gewesen, mir die Gewissensskrupel von Anfang an ersparen zu können. Dann hätte ich doch sofort gewusst: Sie sind es, oder sie sind es nicht! Aber das Gewissen hat gepocht und heftiger genagt an mir als die Furcht vor Strafe und stärker als die Sorge davor, dass ich mir nicht nur die schöne Miete künftig in den Schornstein schreiben kann, sondern auch für vergangene Vermietungen zur Rechenschaft gezogen werde.«

Bilder von den Heitgers seien leider nicht vorhanden, habe Wendling geantwortet, der den Teil mit den ähnlichen Vor- und Nachnamen sehr spannend fand, während er beim Rest wünschte, die Zeit möge schneller vergehen. Aber man verfüge über ein älteres Foto von Lindemann, auf dem er im Badeanzug zu sehen ist. Rensinghoff studierte die ihm vorgelegte Fotografie eingehend, seufzend und lamentierend: »Er könnte es sein, der Lindemann, aber mit Sicherheit kann ich ihn nicht erkennen.«

»Wir gucken gleich mal rein«, versicherte Wendling und entließ seinen Besucher mit einem freundlichen Blick. Den Postbeamten jedoch, der da ungelenk, mit eckigen Verbeugungen das Dienstzimmer verließ, plagten immer noch Sorgen. Was sei denn nun damit, dass er, der ja ansonsten ein rechtschaffener Briefträger sei, die drei möblierten Herren in seine Wohnung genommen habe? Müsse er eine Anzeige wegen unerlaubter Vermietung befürchten? Er als Beamter ...

»Kein Wort mehr davon!«, soll Kommissar Wendling dem Mann aufmunternd lächelnd das Wort abgeschnitten haben. Daraufhin machte sich Rensinghoff erleichtert auf den Heimweg.

Als er die Räumlichkeiten verlassen hatte, hielt hinter ihm Kommissar Wendling sein Lächeln noch drei, vier Sekunden lang, wenn ich einem Jahrzehnte nach den Ereignissen erschienenen Zeitungsartikel glauben darf. Dann versteinerte sich seine Miene. Der Leiter des Kriminalkommissariats und Chef der Ständigen Mordkommission im Kölner Polizeipräsidium riss die Tür auf und rief: »Vollmer!«

Der 46-jährige Kriminalassistent Philipp Vollmer, geboren 1882 in Oberdiebach, südlich von Bacharach am Rhein, war Wendlings Mann für die gefährlichen und delikaten Sondereinsätze. Ein Hüne. Besonnen, wo ein klarer Kopf gebraucht wurde, kaltblütig, wenn die schweren Jungs mit härteren Bandagen zu kämpfen beliebten.

Nach einer knappen Erklärung soll Wendling gesagt haben: »Ob das eine heiße Spur ist, weiß ich nicht. Schauen Sie also nach, welche flotten Herren sich in der Wohnung des biederen Postbeamten eingenistet haben. Nehmen Sie sich fünf Mann mit. Betrachten Sie die drei seltenen Vögel mal aus der Nähe und fangen Sie sie gegebenenfalls ein, wenn das gefahrlos möglich ist. Wenn nicht, rufen Sie an. Ich komme dann mit dem Wagen und bringe Verstärkung.«

»Und, Vollmer?«, soll Wendling gerufen haben, als Vollmer schon fast zur Tür hinaus war. »Möglichst ohne Knallerei. Sie wissen doch, die da oben in Berlin wollen vom Schießen nichts wissen. Weil es so unruhig in Deutschland ist, politisch. Verstehen Sie?«

Einen der etwa sechzig Wagen aus dem Fuhrpark der preußischen Schutzpolizei anzufordern, hätte einen bürokratischen Kraftakt erfordert. Zudem wurde gemeinhin verlangt, das entsprechende Formular 24 Stunden vor Bedarf ausgefüllt einzureichen. Also fuhr die kleine Polizeitruppe mit der Elektrischen nach Norden zum Agnesviertel.

20. Oktober 1928

Der Hinterhalt

Als gegen 8 Uhr 30 endlich vier Kriminalbeamte und zwei Landjäger erschienen, war Frau Rensinghoff einerseits erleichtert. Sie hatte befürchtet, dass mit dem jederzeit zu erwartenden Erwachen ihrer möblierten Herren ihr Verrat entdeckt und ihr Ende besiegelt sein könnte. Dass ihr Gatte allein, ohne Verstärkung zurückgekehrt war, hatte ihr zutiefst missfallen. Andererseits war sie bei Ankunft der Polizei aber auch etwas empört. Sie hängte sich an diesen schnurrbärtigen großen Kriminalbeamten Vollmer, den sie als den Verantwortlichen identifizierte, um ihn in gemäßigter Lautstärke – man wollte ihre Gäste nicht warnen –, aber doch nachdrücklich darauf aufmerksam zu machen, dass es sich offenkundig bei den Spitzbuben, die sie hier wie auf dem Tablett serviere, um drei schwere Verbrecher handele, die schon einige Menschenleben auf dem Kerbholz hätten, sodass sie der Meinung sei, die Zahl der nunmehr bei ihr eingetroffenen Polizeibeamten genüge beileibe nicht. Sie habe, verkündete sie stolz, ein Telefon. Nun ja, zumindest die Herrschaften in den Etagen darunter, der Herr Bankdirektor Hummel und der Herr Bankdirektor Lichtenstern und der Herr Direktor Jansen. Die könne man doch fragen, man verstehe sich doch gut, und dann von dort anrufen, um ein größeres Überfallkommando zu alarmieren. Vollmer blickte sie beruhigend an: »Ich werde mit den Leuten schon fertig.« Er machte sich mit den Lokalitäten, so gut es ging, vertraut und beschloss schließlich, eingedenk der Gemeingefährlichkeit der Raubmörder und der ungünstigen

Lage des von ihnen bewohnten Zimmers im vierten Stock die Wohnung zu umstellen und sich im dritten Stock auf die Lauer zu legen. Wenn sie die schmale Treppe im schummrigen Flur hinuntergestiegen kämen, würde man zugreifen. Eine Flucht über das Dach schien ausgeschlossen, doch wollte man sich ungern überraschen lassen, wenn die Burschen wider Erwarten Lunte rochen. Aber wohl auch aus anderen Gründen schien es Vollmer zielführend, wenn Frau Rensinghoff ihre Wohnung verließe, um im gegenüberliegenden Haus gemeinsam mit einem Polizeibeamten Wachtposten zu beziehen. So wäre sie nicht nur außerhalb der Gefahrenzone, wenn ihre Untermieter ihre Klause verließen und die Polizei zugriff. Sie konnte vom anderen Ende der Straßenschlucht zudem hilfreiche Dienste leisten, nämlich mit einem Handtuch ein Zeichen geben, wenn sie von sicherem Beobachtungsposten sehe, dass sich die Verbrecher beim Kaffee befänden. Schließlich könne man annehmen, dass sich auch die größten Verbrecher entspannt und sicher fühlten und nicht bewaffnet wären, wenn sie einen heißen Kaffee schlürften, sodass ein Zugriff relativ gefahrlos möglich wäre.

So war Frau Rensinghoff aus dem Weg, als sich die bewaffneten Gesetzeshüter auf die Lauer legten und in angestrengter Geduld übten. Der Minutenzeiger ließ sich Zeit. Langeweile machte sich breit, in kurioser Kombination mit mulmiger Nervosität. Einen unglücklichen Eindruck machten vor allem die beiden Oberlandjäger. Die waren eigentlich nur zum Lehrgang bei der Kölner Kriminalpolizei beordert worden. Ihre Erfahrungen konzentrierten sich eher auf ländliche Ordnungswidrigkeiten. Nun saßen sie hier plötzlich als Teil eines Verhaftungskommandos für gesuchte Schwerverbrecher. Sechs Polizisten gegen drei, wenn sie es denn waren, höchstwahrscheinlich bewaffnete Raubmörder. Gemeingefährlich. Oberlandjäger Barthel Schmitz strich gedankenvoll mit der Hand über die Pistole in seiner Rocktasche, während er mit seinem Kollegen tuschelte.

»Und wenn sie's sind, werden sie ausgerechnet jetzt herunterkommen? Und was ist, wenn sie sich hintenrum aus dem Staub machen? Wenn sie es denn sind. Die lassen sich da oben ja alle Zeit der Welt. Aber wenn sie es sind, was soll schon schiefgehen? Wir werden die Gangster hier unten im Hausflur schon einfach überwältigen und dann ins nahe gelegene Revier 29 bringen können, jeder Bandit von zwei Beamten eskortiert«, sollen sie sich gegenseitig gesagt haben.

Etwa elf Uhr zeigten die Zeiger bereits an, als sich im Dachgeschoss endlich etwas tat. Irgendwann ging eine Tür auf und wieder zu. Man hörte Füße auf der schmalen Treppe, dann kamen drei gepflegte, elegant gekleidete junge Männer hintereinander die Stufen heruntergeschlendert. Glattrasierte Gesichter waren zu erkennen und gepflegte Fingernägel am Handlauf. Heinrich, der vorneweg ging, trug einen blauen Trenchcoat mit Lederknöpfen, einen grauen Schlapphut, rotbraune Lederhandschuhe und ein hellgelbes Hemd. Dahinter kam sein älterer Bruder. Hans trug dunkelbraune Halbschuhe, einen rötlichen Filzhut, einen mausgrauen schweren Ulster, neue rote Lederhandschuhe und einen graukarierten Anzug mit langer Hose. Auch Karl war sehr elegant, doch war er noch nicht vollständig zu sehen, als die Beamten im Hausflur aus ihrem Versteck hervorsprangen.

»Hände hoch!«, schrie Vollmer den drei Gestalten entgegen, die sich von der dämmrigen Treppe lösten und der Ausgangstür zustrebten. Dünn und hohl hallte das Echo von den grauen Wänden zurück.

Ein Hinterhalt! Die Banditen griffen in die Gesäßtaschen und zogen ihre Pistolen.

»Sie sind es wirklich«, fuhr es Barthel Schmitz durch den Kopf. Ein Schuss. Vollmer hatte gefeuert. Heinrich Heitger knickte auf dem ersten Treppenabsatz zusammen. Lindemann drehte sich um, rannte die Treppe rauf, knallte, als er seine Kameraden nicht hinter sich sah, die Tür hinter sich zu und schloss ab. Zwei Beamten folgten ihm, belagerten Lindemann in seinem Quartier. Schüsse gellten durch das Haus.

Zwei weitere Kriminalbeamte stellten und überwältigten Hans Heitger. Vor den drohenden Pistolenläufen der Polizei gab er klein bei, streckte die Waffen und ließ sich festnehmen. Vollmer kümmerte sich um Heinz. Er hatte ihn in die linke Schulter getroffen. Eine Durchsuchung brachte bei ihm eine Pistole mit 14 Schuss zutage. Pistolen wie Munition verschwanden in den Taschen des Verhaftungskommandos. Heinz schaffte es staksig wieder auf die Beine. Blut tropfte von seinem Kinn.

Im obersten Stockwerk versuchte Lindemann, durch das Fenster und das Dach zu entkommen, vergeblich. Unten verließ Vollmer mit dem angeschossenen Heinz Heitger das Haus. Ihm folgten Landjäger Schmitz und ein weiterer Kriminalbeamter mit Hans. Der andere Beamte kam mit und lief schnell zu dem nahegelegenen Revier. Er wollte Schutzpanzer holen, falls man gezwungen wäre, die Tür aufzubrechen. Als er zurückkam, schossen seine zwei Belagerer durch die Glasscheibe der Tür. Da erkannte Lindemann die Auswegslosigkeit seiner Situation. In eine Feuerpause hinein rief er: »Wird noch geschossen?«

»Wenn Sie die Hände hochheben und herauskommen, geschieht Ihnen nichts!«

Also ergab sich Lindemann den beiden Beamten vor der Tür. Bei seiner Leibesdurchsuchung kamen eine Selbstladepistole mit drei gefüllten Rahmen und noch weitere 24 lose Patronen zutage.

20. Oktober 1928

Todeskampf im Auto

Draußen sah man unterdessen Vollmer und Schmitz mit den Brüdern Heitger aus dem Haus auf die Riehler Straße treten. Ihre Gefangenen waren nicht mit Handschellen, sondern lediglich mit einer um jeweils ein Handgelenk geschlungenen Schließkette versehen. Vor allem die Verletzung des einen Heitger-Bruders würde den Transport erschweren.

»Sollen wir einen Zwischenstopp bei einem Telefon machen, um eine Grüne Minna zu bestellen?«, fragte Barthel Schmitz. So hießen die Gefangenentransporter im Volksmund.

»Zu umständlich«, antwortete Vollmer.

»Na, aber die Straßenbahn können wir doch auch nicht nehmen.«

»Natürlich nicht. Wir nehmen einen Privatwagen.«

Quasi direkt vor dem Haus, an der Riehler Straße/Ecke Worringer Straße, hielt gerade eine kleine Buick-Limousine. Deren Chauffeur sprach Vollmer an. Große Augen musterten die Verbrecher und ihre um das Handgelenk geschlungenen Schließketten.

»Was ist denn mit denen?« Insbesondere der jüngere Heitger war offenkundig verletzt und machte einen elenden Eindruck mit seinem blutenden Kinn.

Vollmer zog den Rockaufschlag zurück und zeigte dem Fahrer die Blechmarke: »Kriminalpolizei. Bitte, sofort zur Polizeistation am Weidenbach. Die Fahrt wird bezahlt.« Das schien mehr Befehl als Bitte zu sein. Der Fahrer nickte entsprechend resigniert und öffnete den Wagenschlag, während Vollmer als Kommandoführer den Gefangenen befahl: »Hinten hinsetzen!«

Beide Heitgers nahmen auf dem tiefliegenden gepolsterten Rücksitz des Fünfsitzers Platz. Ihnen gegenüber, den Rücken an die Wand gelehnt, kauerte sich, da der Wagen keine gegenüberliegenden Rücksitze hatte, Kriminalassistent Vollmer hin. Oberlandjäger Schmitz setzte sich auf Anordnung Vollmers vorne neben den Fahrer, das Gesicht jedoch den Verbrechern zugedreht.

Schmitz war die Situation nicht geheuer. Nicht zu Unrecht witterte er Gefahr und äußerte sein Unbehagen auch laut. Ob die ganze Situation nicht arg gefährlich sei, fragte er seinen Vorgesetzten Vollmer: »Halten Sie doch, nur zur Sicherheit, Ihre Pistole vor. Oder soll ich ...«

»Stecken Sie nur Ihre Pistole ein«, meinte Vollmer, während er selbst seine Waffe verstaute und abschätzige Blicke auf seine Gefangenen warf. »Das ist doch nicht nötig.«

»Sollen wir die beiden nicht lieber einfach um die Ecke zum nächsten Polizeirevier bringen?«, hakte Schmitz nach.

Vollmer lehnte ab. Währenddessen dürften sich die Brüder Heitger bedeutungsvolle Blicke zugeworfen haben, die den Polizisten entgingen.

Los fuhr der Wagen. Vielleicht fünfhundert Meter hatte er zurückgelegt, gerade einmal am Justizgebäude vorbei, als der Fahrer dicht vor einer etwas unübersichtlichen Kreuzung abbremste, wo von links die vom Rhein kommende Sedanstraße auf die Riehler Straße traf, während von rechts gleichermaßen Schillingstraße und Lupusstraße einmündeten.

»Fahren Sie schneller«, rief Vollmer dem Chauffeur zu, »die Protokolle bezahlen wir.« Der Fahrer warf daraufhin einen kurzen Blick durch den Rückspiegel in das Innere seines Wagens. Er sah, wie Vollmer dem älteren Heitger zwei Kinnhaken versetzte und ihm zurief: »Verhalte dich ruhig!« Was er nicht sah, war, dass Hans Heitger, als er vermeintlich in sich zusammensackte, plötzlich eine Pistole aus dem Schuhschaft hervorzauberte, ein kleinkalibriger Selbstlader. Im selben Augenblick schoss er aus nächster Nähe zweimal auf den vollständig überraschten Vollmer. Beide Kugeln trafen ihn ins Herz. Der Fahrer trat hart auf die Bremse. Schmitz, der gerade den Straßenverkehr beobachtet hatte, fuhr herum und sah Vollmer in sich zusammensacken.

»Kamerad, ich muss sterben«, soll sein Vorgesetzter leise geröchelt haben. Wohin mögen die letzten Gedanken von Philipp Vollmer geschweift sein? Zu seiner Frau Clara und den Kindern? Zur Blechmarke in seiner Tasche, die ihm nun nutzlos war, da sich sein Blick verdunkelte?

Der Fahrer sprang links aus dem Wagen. Der völlig unerfahrene Schmitz wusste nicht, wo ihm der Kopf stand, wollte gerade seine Waffe ziehen. Da sah er schon zwei Pistolen auf sich gerichtet. Keine Ahnung, wo die zweite hergekommen war. Schmitz ließ seine Waffe stecken. Der Innenraum des Wagens war eng. Kein Raum für große Bewegungsmöglichkeiten. Aber ehe er noch selbst wirklich wusste, was er tat, griff er mit beiden Händen nach den Pistolen in den Fäusten seiner Gegner. Sie kämpften über den erschossenen Vollmer hinweg. Schmitz war körperlich topfit, athletisch, bärenstark. Er schaffte es aber nicht, seinen Kontrahenten die auf ihn gerichteten Pistolen zu entreißen. Also versuchte er wenigstens, die Mündungen von sich wegzulenken. Heinz war geschwächt, zuckte manchmal auf, weil seine Schulter schmerzte. Als die Kolben von ihm wegzeigten, gelang es Schmitz, die Abzüge zu drücken. Schüsse fielen. Vorbei. Löcher klafften in der Wagenwand. Aber wer wusste, wie viel Munition noch übrig war? Die Heitgers hielten ihre Waffen umklammert. Wieder knallte es zweimal. Schräg hinter Schmitz zersplitterte die rechte Fensterscheibe. Ein Schmerz im linken Mundwinkel. Der metallische Geschmack von Blut im Mund. Ein Schuss ging ins Wagenpolster des Fahrersitzes. Endlich konnte Schmitz dem kleineren Heitger die Pistole entwinden. Der versuchte, sich die Waffe des erschossenen Vollmer zu krallen. Die nächsten Schüsse lösten sich. Schmitz spürte einen Stoß wie von einer kräftigen Faust am linken Arm, der warm wurde. Was rann ihm am ganzen Körper herunter? Blut oder Schweiß? Johann Heitger drückte wieder ab. Klick. Seine Pistole war leergeschossen.

»Los, weg!« Wagentüren gingen auf. Halb fielen sie, halb sprangen die Heitgers aus dem Auto und rannten davon.

Ein Streifschuss am linken Arm, ein anderer Schuss war Barthel Schmitz durch den linken Mundwinkel geschlagen. Ein Blick auf den toten Vollmer. Einmal durchatmen. Dann schälte auch er sich aus dem Todeswagen, in der rechten Hand die von Heinz Heitger erbeutete Pistole, und begann zu rennen.

20. Oktober 1928

Schmitz gegen den Rest der Welt

In ehrfürchtigem Abstand um das Auto war eine kleine Menschenmenge zusammengekommen. Das machte die Situation für Oberlandjäger Schmitz unübersichtlich. Er sah nur den älteren Heitger, der auf der rechten Straßenseite nordwärts, Richtung Zoo, rannte. Mit der linken Hand wischte sich Schmitz über den Mund. Blut tropfte von seinen Lippen. Arm und Rücken schmerzten. Sein Atem wurde schwerer. Gerne hätte er einfach geschossen, aber er hatte noch immer die mahnende Stimme seiner Ausbilder im Ohr: »Der Schießerlass gestattet der Polizei den Gebrauch ihrer Waffe erst in einwandfreier Notwehr.« Aber selbst wenn er rechtlich gedurft hätte, es standen zu viele Zivilisten um den Verbrecher herum. Er zwang sich, Heitger hinterherzuhasten. Zwanzig Schritte hatte der Vorsprung. Ein Spurt. Und kaum hundert Meter weiter, wo Balthasarstraße und Hülchrather Straße auf die Riehler Straße trafen, hatte er Heitger fast erreicht. Drei, vier schnelle, weite Sprünge. Mit der linken Hand fasste er ihn im Genick. Mit dem Griff der Pistole, die er dem jüngeren Heitger abgenommen hatte, schlug er dessen Bruder über den Hinterkopf. Hans brach zusammen und blieb auf dem Boden liegen. Schmitz beugte sich über ihn, schlug nochmals zu und zischte ihm unfreundliche Sachen ins Ohr, während er ihn, auf ihm kauernd, nach Waffen abtastete und überlegte, wie er ihn am besten fesseln sollte und wo, verdammt noch mal, dessen Bruder war. Um ihn herum hatte sich wieder eine kleine Menschentraube gebildet.

Die versammelten Passanten hatten gebannt beobachtet, wie der Buick, der da stehen geblieben war, wackelte, wie Schüsse fielen und Scheiben zersplitterten. Dann hatten sie zwei Kerle herausklettern und panisch flüchten sehen, kurze Zeit darauf einen anderen, der die Verfolgung aufnahm, den einen schließlich eingeholt, sich auf ihn gestürzt und ihn brutal niedergeschlagen hatte. Der Oberlandjäger trug zivil. Und wie das so ist, das Herz schlägt mit dem Unterlegenen. So kam es, dass gerade in dem Moment, als Schmitz sich endlich, nach einer gefühlten Ewigkeit, wieder als Herr der Lage fühlte, er plötzlich jemanden rufen hörte: »Jetzt ist es aber genug!« Schmitz wurde von hinten gepackt und weggezerrt. Schmitz versuchte sich zu befreien. Er fühlte, wie Füße nach ihm traten, wie Fäuste auf ihn eindroschen.

»Du Lump hast den Mann bewusstlos geschlagen, lass ihn jetzt in Ruhe!«, hörte er Stimmen sagen und noch viel mehr.

Schlagartig schienen den erschöpften Schmitz die letzten Kräfte zu verlassen. Matt rief er in die Menge: »Ich bin Kripo-Beamter, und die da ...«, und er zeigte mit dem Finger auf den auf dem Boden liegenden Hans Heitger, »sind die Raubmörder Heitger!« Half nichts. Die Schläge und Fußtritte nahmen nicht ab. »Die Gladbecker Bankräuber. Die haben soeben meinen Kameraden totgeschossen!«, keuchte Schmitz. Umsonst. Die Menge ließ den Mann in Zivil nicht frei.

Das hatte Heinz Heitger mitbekommen. Er wagte es, sich seinem auf dem Boden liegenden Bruder zu nähern. Er schüttelte ihn etwas und merkte, dass er langsam wieder zu Bewusstsein kam. Heinz blickte hoch. Das Auto, in dem sie vor Kurzem noch gekämpft hatten, stand unbewacht. Nicht weit weg. Schnell rannte er hin.

Drinnen lag Vollmer in einer Blutlache. Heinz tastete ihn ab, fand und schnappte sich die Dienstwaffe. Schon während er zurück zu seinem Bruder rannte, hob er die Pistole, zielte auf den von der Menschenmenge festgehaltenen Schmitz und ballerte los. Die Menschen erstarrten. Einer, der Schmitz festhielt, schrie laut auf. Eine Kugel hatte ihn am Bein erwischt. Schlagartig gaben die Menschen Schmitz frei und flohen in alle Himmelsrichtungen. Der erschöpfte und traktierte Oberlandjäger stürzte, als ihn keine Hände mehr festhielten, wie ein nasser Sack auf die Knie, kaum einen halben Meter von Hans Heitger entfernt. Noch ein Schuss. Eine Kugel durchpflügte seine Brust, direkt durch die Lunge. Schmitz wurde schwarz vor Augen. Er kippte vornüber auf das Straßenpflaster.

20. Oktober 1928

Freigeschossen

Heinz Heitgers Revolvermündung hielt die zerstreute Menschenmenge auf Entfernung. Hans berappelte sich derweil, fasste die Situation schnell und lud taumelig seine Pistole nach. Sein jüngerer Bruder half dem 24-Jährigen vom Boden auf. Dann rannten beide los. Als einige Menschen andeuteten, hinterherzueilen, schossen die Heitgers wahllos um sich. Eine Kugel schlug durch einen vorüberfahrenden Kraftwagen.

In seinem Geschäft in der Riehler Straße 21 war Innendekorateur Ludwig Dorweiler auf die Schüsse aufmerksam geworden und nach draußen getreten. Er hatte die Kämpfe mitangesehen. Und nun sah er die zwei Kerle, einer wild gestikulierend, mit Pistolen in der Hand genau auf ihn zulaufen. Reflexartig schlug er mit der Hand eine der Mündungen herunter. Ein Schuss löste sich und zerriss Dorweiler den kleinen Finger der rechten Hand. Ein zweiter Schuss fuhr ihm in den Oberschenkel, zerfetzte die Hauptschlagader und trat an der Kniekehle wieder heraus. Blut sprudelte. Beide Heitgers waren vorbeigeprescht. Über laute Rufe, das Trappeln rennender Füße und Straßenlärm hinweg rief Dorweiler um Hilfe: »Ich verblute! Jemand muss mir das Bein abbinden.« Niemand achtete auf Dorweiler. Da sah er den Briefträger des Bezirks. Erst als Dorweiler ihn namentlich anrief, eilte dieser zu ihm und band ihm das blutende Bein ab. Immerhin mit dem Leben würde Ludwig Dorweiler davonkommen. Aber erst nach einem Jahr sollten die Ärzte ihn aus dem Hospital entlassen.

Der Kraftwagenfahrer Wilhelm Danz, wohnhaft Hansaring 104, vierte Etage, kam mit einem Personenwagen die Riehler Straße entlanggefahren, als er einen Menschenauflauf bemerkte und Schüsse hörte. Er bremste ab, um zu schauen, was die ganze Aufregung bedeute, als plötzlich ein Mann mit vorgehaltener Waffe vor seiner Motorhaube auftauchte.

»Raus!«, schrie Hans Heitger mit schriller Stimme.

Danz war zu verdutzt, um überhaupt etwas zu machen.

»Raus!«, wiederholte der Kerl, der mittlerweile an die Fahrertür geeilt war.

Schlüssel raus, dann kann der Bursche nicht weiter!, schoss es Danz durch den Kopf. Da aber sah er, wie dieser Bandit die Pistole auf ihn anlegte. Danz beschleunigte. Hans Heitger schoss. Danz schrie auf, am Oberarm erwischt, aber entkommen.

In der Zwischenzeit hatte Heinz Heitger versucht, ein am Straßenrand geparktes Motorrad anzukurbeln. Ohne Erfolg. Dafür fuhr ihm eine blaue Opel-Limousine entgegen, Viersitzer, fabrikneu, 4/16 PS.

»Diesmal geht sie uns nicht durch die Lappen«, zischte ihm sein hinzugeeilter älterer Bruder zu. Wieder hob der blonde Hans die Pistole, zwang den Wagen mit dem ungestempelten Erkennungszeichen IX 56 636 anzuhalten. Hans riss die Fahrertür auf: »Raus!« Der Chauffeur, ein Fahrer der Firma Opel, der das Automobil gerade anmelden wollte, hastete aus der Tür, während Hans seinen Bruder durch eine andere hineindrückte. Dann kletterte er nach. Die Reifen quietschten, als sie Richtung Zoo davonjagten.

Weit und breit kein Polizist zu sehen. Wo doch in nächster Nähe des Tatorts das 29. Polizeirevier war. Aber private Kraftwagen nahmen die Verfolgung auf, bis endlich Verstärkung durch die Polizei eintraf, zunächst nur der Verkehrsposten, den ein Indianfahrer vom Platz der Republik geholt hatte, dann rasten weitere mit dem Motorrad hinterher. Ergebnislos. Schon bald waren die Verbrecher aus dem Blickfeld.

Dafür wurde nun Karl Lindemann ins Freie geführt, schwer gefesselt, flankiert von zwei Beamten. Seine Bekleidung nach der neuesten Mode kontrastierte mit seinem elenden Gesicht, blass und verstört. Zuweilen geriet er ins Schwanken und musste von den Beamten an den Ketten hochgerissen werden. Hunderte Augenpaare nahmen ihn ins Visier. Lindemann senkte den Kopf.

»Vermutlich nach Neuss-Düsseldorf«, meldeten die Polizisten ihren Vorgesetzten, allen voran Polizeipräsident Bauknecht und Kriminaldirektor Ignaz Bregenzer, was sie vom Fluchtweg der Brüder Heitger hielten. »Oder rüber nach Mülheim.« Könne natürlich auch sein, dass sie unterwegs einen Seitenweg eingeschlagen haben. Die Polizei legte einen Ring um die Stadt, engmaschige Straßenkontrollen und alles, was dazugehört. Derweil kämpfte Schmitz im Vinzenzkrankenhaus um sein Leben.

Es war kurz nach der Schießerei in der Riehler Straße, am Samstagmittag gegen zwölf Uhr. Die Nachricht von den ungeheuren Vorkommnissen hatte noch nicht die Runde gemacht, da klingelte es an der Tür eines Arztes in Köln-Sülz. Ich nehme an, bei Dr. Josef Weingarten, Sülzburgstraße 80. Er öffnete seine Tür zwei sehr ramponiert aussehenden Männern. Sie seien in eine Schlägerei verwickelt worden, ob er sie bitte verbinden könne, fragten sie eindringlich und höflich. Der ahnungslose Arzt bat die beiden jungen Männer herein und warf einen Blick auf ihre Verletzungen. Der eine hatte eine Wunde an der linken Schulter und eine linksseitige Gesichtsverletzung. Das sehe aber ganz nach einer Schussverletzung aus, meinte er. Auf die Ausflüchte seiner Patienten hörte er gar nicht. Der andere Bursche hatte Verletzungen am Hinterkopf.

»Ich verbinde Sie jetzt erst einmal, aber ich kann Ihnen nur nachdrücklich anraten, sich sofort im Krankenhaus aufnehmen zu lassen. Der Steckschuss in der Schulter sieht nicht gut aus.«

Erst einige Stunden später las der Arzt in der Abendzeitung, was passiert war. Ärztliche Schweigepflicht hin oder her, er machte umgehend der Kriminalpolizei eine entsprechende Mitteilung.

Bald darauf meldete sich eine Dame bei der Polizei, die viel zu erzählen hatte und dies auch bei den Zeitungen später gerne wiederholte. Sie wohne in Sülz, begann sie, und habe am Samstagmittag gegen ein Uhr in der Sülzburgstraße Einkäufe gemacht, da sah sie aus der Wohnung von Dr. W., Ecke Berrenrather, zwei sehr gut gekleidete Herren herauskommen. Einer etwas gesetzt mit schmerzverzerrtem Gesicht, der allem Anschein nach am linken Arm eine starke Verletzung hatte. Bekleidet war der Mann mit kariertem Anzug, dunkelblauem Ulster, braunen Halbschuhen; er trug keine Kopfbedeckung. Der zweite hatte einen hellgrauen, ins Bräunliche übergehenden Sommeranzug an, hellbraune Halbschuhe und einen rotbraunen Schnitthut; diesem Mann sah man keine Verletzung an. Der Rocktragende war sehr mit Blut besudelt und etwa zwanzig Zentimeter breit bis in den halben Rücken hinein war das Blut auf die Joppe getropft, was sie veranlasst habe, den Herrn folgendermaßen anzureden: »Junger Mann, Sie sind wahrscheinlich auch verletzt! Ihre ganze Joppe ist ja voll Blut.« Er fragte sie nur, ob es viel wäre, bedankte sich und meinte zu seinem Begleiter: »Jetzt müssen wir machen, dass wir nach Hause kommen und uns umziehen.« Darauf seien die beiden zu der vielleicht hundert Meter vom Hause des Arztes entfernt liegenden Limousine gegangen, ein blauer Wagen, allem Anschein nach durch dick und dünn gefahren, denn die rechten Wagenräder waren ungefähr bis zur Hälfte durch Kalk gegangen und weiß. Beide stiegen ein. Derjenige mit der Armverletzung setzte sich ans Steuer. Gleich darauf stiegen beide wieder aus. Der Schwerverletzte zog seinen Ulster aus und gab ihn seinem Begleiter. Dieser zog ihn an, wodurch das Blut auf der Joppe nicht mehr sichtbar war. Dann stiegen sie wieder ein. Der Verletzte setzte sich ans Steuer, und der Wagen fuhr in der Richtung Gottesweg in beschleunigtem Tempo davon.

Wie gut hätte doch da schon die Festnahme erfolgen können, schimpfte die Frau, wenn die Vororte von dem Vorfall in der Riehler Straße Kenntnis gehabt hätten, zumal sich der ganze Hergang höchstens eine Minute vom Sülzer Polizeirevier abgespielt hat.

Abends eine Erfolgsmeldung. Ein Passant hatte gegen sieben Uhr die gestohlene Opel-Limousine am Ubierring in der Südstadt vor einem Café in der Nähe des Rheins ausgemacht und sofort die Polizei benachrichtigt. Der Fluchtwagen hatte, wenn man den Angaben weiterer Zeugen glauben durfte, schon mehrere Stunden dort gestanden und war leer. Drinnen fanden sich nur eine Patronenhülse und blutdurchtränkte Wäschestücke, namentlich ein blutbefleckter Kragen und ein blutgetränktes Hemd. Also schienen die Kerle bei ihrer Flucht noch nicht über die Stadtgrenzen hinausgekommen zu sein, frohlockte die Kölner Polizei. Lange würden sie sich mit ihren Verletzungen wohl nicht verborgen halten können. Wo wollten sie sich jetzt auch noch verkriechen?

Köln glich nun, am Fest der Stadtpatronin Ursula, einer Festung im Kriegszustand. Alle, die kamen oder gingen, wurden von Polizisten in Uniform oder in Zivil mit Argusaugen kontrolliert, jedes Auto angehalten. Innerhalb der Stadt unternahm die gesamte Kriminalpolizei vermehrt Streifen, auch ein Teil der Schutzpolizei wurde herangezogen. Das war auch bitter nötig. Etliche Bürgerinnen und Bürger trauten sich kaum mehr auf die Straße. Hinter jeder Ecke wähnten sie die skrupellosen, mordlustigen Verbrecher lauern.

»Chikago in Köln«, »Dramatische Mörder-Jagd« und »Wildwest am Rhein«. Zentimeterdick waren die Überschriften der Zeitungen, die Kriminalkommissar Wendling überflog. An Kritik wurde nicht gespart, zumal seit dem Auffinden des Fluchtautos handfeste Fahndungserfolge ausblieben. Versagen auf ganzer Linie wurde der Polizei vorgeworfen. »Die Schreckenstat der Gladbecker Verbrecher Brüder Heitger und Karl Lindemann mutet wie ein Kinodrama an und hat die ganze Bevölkerung in größte Aufregung versetzt«, hieß es. »Man fragt sich, wie so etwas möglich war. Allgemeine Verwunderung herrscht namentlich darüber, dass die Polizei nicht ein starkes Überfallkommando nach dem Hause in der Riehler Straße, in dem die Schwerverbrecher sich aufhielten, gesandt hat, zumal man der Polizei Kenntnis gegeben hatte von der Unterkunft der Verbrecher.« Und warum hatte man die Banditen nicht vernünftig gefesselt, sodass sie wirklich wehrlos waren und eben keine Pistole ziehen konnten. Und warum, bitte schön, hatte man bei der Leibesvisitation nicht alle Waffen gefunden?

Was sollte die Polizei dazu sagen? Es stimmte ja, in der Tat war so ziemlich alles schiefgegangen, was schiefgehen konnte. Aber jetzt war ihr Ehrgefühl geweckt.

22. Oktober 1928

Der große Straßenbahnraub

Das wohl größte Polizeiaufgebot in der bisherigen deutschen Kriminalgeschichte befand sich auf Verbrecherjagd. Hinzu gesellten sich unzählige Amateure, zumal der Regierungspräsident die Belohnung um 3.000 Mark auf jetzt 22.000 Mark erhöht hatte. Hinweise gingen in der Folge in Hülle und Fülle ein. Überall in der Stadt und der Umgebung mussten vermeintliche Sichtungen der Banditen überprüft werden. Sonntagnacht klauten Diebe aus der pharmazeutischen Fabrik in der Eifelstraße einen Posten Leukoplast sowie Verbandstoff, ließen aber alles andere unberührt. Wer solle das gewesen sein, wenn nicht die verletzten Heitgers, hieß es allenthalben. Dann meldete Wolfs Telegraphenbüro, die Brüder Heitger seien in der Nacht zum Montag gegen viertel vor zwei in der Nähe von Wesermünde erkannt worden, doch dann geflüchtet. Das stellte sich schon bald als komplette Ente heraus. Aber wo waren sie? Erst geschlagene drei Tage später, nach über sechzig Stunden, endete die Ungewissheit.

Die Brüder Heitger hatten in der Blumenthalstraße, fast genau gegenüber ihrem früheren Quartier bei den Rensinghoffs, ein Versteck gefunden. Doch da konnten sie nicht ewig bleiben. Zumal Justizpalast und Polizeiwache direkt um die Ecke waren. So eine Chuzpe mochte kurz von Vorteil sein, denn wer würde schon vermuten, dass die Gesuchten so nah am Tatort ihres letzten Verbrechens und der Staatsgewalt untertauchten? Aber am Montag, dem 22. Oktober 1928, abends gegen zehn Uhr, hegten sie die Hoffnung, dass man sie schon längst außerhalb der Stadtgrenzen wähnte und sie durch die Polizeikontrollen schlüpfen könnten. Also schlichen sie sich hinaus und suchten neuerlich ein Fluchtfahrzeug. Ein DKW-Motorrad, das am Bordstein an der Riehler Straße 39 stand, ungefähr da, wo Vollmer gestorben war, weckte ihr Interesse. Zwar war es abgeschlossen, aber die Heitgers hatten ein umfangreiches Schlüsselarsenal, das sie nun in aller Gemütsruhe ausprobierten.

Anwohner im ersten Stock bemerkten die zwei jungen Männer, die sich am Schloss des Motorrads zu schaffen machten.

»Polizei!«, tönte es aus dem Fenster, hinein in die abendliche Stille. Vorübergehende drehten sich um: »Das können nur die Heitgers sein!«

Da tauchte auch schon ein Polizeibeamter an der Straßenecke auf und eilte herbei. Die Heitgers ließen das Motorrad stehen und rannten fort. Der Polizist sprintete hinterher.

»Haltet sie fest!«, rief er, »Festhalten!«

Aber die Passanten sammelten sich zwar neugierig, schreckten jedoch zurück – spätestens als sie im Schein der Gaslaternen sahen, dass in den Händen der beiden Heitgers Pistolen matt schimmerten und schließlich auch laut knallten. Berichte über die Opfer der Räuberbande hatten sich in aller Bewusstsein gebrannt. Der ältere Heitger hatte in der linken Hand einen Mantel und seinen Koffer und schoss mit der Pistole in der rechten. Der jüngere Heitger trug nur je eine Pistole in jeder Hand, die er wiederholt abknallte. Der Polizist feuerte zurück, lief den Fliehenden Richtung Agneskirche nach. Seinem Vorbild nacheifernd beteiligten sich Zivilisten an der Verfolgung. Ein junger Mann auf einem Fahrrad, der Gärtner Willi Peters, trat engagiert in die Pedale. Die Blumenthalstraße entlang.

In den Straßenschluchten hallten Rufe, Schüsse und die klappernden Absätze von Jägern und Verfolgten. Ein anderer junger Mann versuchte sich den Flüchtenden entgegenzustellen, wich aber dann doch lieber den Schwerbewaffneten aus. Wieder knallte es, mehrmals. Mit lautem Aufschrei fiel Willi Peters von seinem Fahrrad, prallte hart auf das Pflaster der Merlostraße und blieb liegen. Nachbarn erkannten den 31-Jährigen, rannten herbei, versuchten seine Blutungen zu stillen und brachten ihn in die Wohnung seiner Tante, gleich hier in der Blumenthalstraße. Noch vor der ärztlichen Hilfe kam geistliche. Der Katholik erhielt durch einen eilig herbeigerufenen Priester die letzte Ölung. Erst danach wurde er ins Marienhospital gebracht.

»Bauchschuss und Oberschenkelschuss«, lautete dort die Diagnose. »Er schwebt in ernster Lebensgefahr.«

Reger Verkehr herrschte im Restaurant Rheingold am Reichenspergerplatz, Merlostraße 2, als zwei Männer hereinstürmten.

»Wem gehört das Auto vor der Tür?«, riefen sie. Niemand meldete sich. Aber viele Blicke huschten zum Eigentümer, einem Bankdirektor, der gerade beim Essen saß und versuchte nicht aufzufallen. Diese Blicke bemerkten auch die beiden Neuankömmlinge. Sie traten an den Bankdirektor heran und sagten mit eindringlicher Stimme: »Wir sind Kriminalbeamte und benötigen umgehend Ihr Fahrzeug. Wir verfolgen gerade Räuber. So viel Verständnis müssen Sie doch haben, uns dabei zu unterstützen!« Der Bankdirektor glaubte ihnen jedoch nicht. Das waren doch bestimmt die Heitgers.

»Tut mir leid, mir gehört der Wagen da draußen nicht.«

Die beiden Männer schauten hektisch hin und her. Dann stürmten sie aus dem Restaurant, zum geparkten Auto.

»Probier nochmal, ob du es anbekommst«, raunte Johann seinem Bruder zu.

»Da sind sie!«, hallten da aber schon die Rufe über den Reichenspergerplatz. Von der nahen Kriminalkaserne in der Hülchrather Straße rollten Überfallkommandos an. Drei Beamte zeigten auf die Heitgers, wie sie im Zickzack die Riehler Straße hinunterrannten und um sich schießend nach Süden auf den Deutschen Ring zuliefen.

»Macht Platz oder wir schießen euch eine Kugel in den Bauch!«, riefen sie einer Frau mit ihrem Sohn zu, die arglos die Straße entlangging. Die Schatten der Heitgers huschten über die düsteren herbstlichen Häuserwände. Da sahen sie vor sich nicht nur Menschen auf sie zulaufen, sondern nahebei auch die Haltestelle der elektrischen Straßenbahn, Ecke Sedan- und Schillingstraße, in die gerade ein einzelner Wagen der Linie 12 einfuhr, ihnen entgegen, Richtung Zoologischer Garten.

»Rein!«, schrie Hans Heitger, sprang mit seinem jüngeren Bruder auf die Plattform. Sie hielten dem Fahrer Hans Jungen die Revolver vors Gesicht. Dann rannte Hans weiter nach hinten, wo neben dem Schaffner Heinz Zille noch ungefähr zehn Fahrgäste waren.

»Raus!«, keuchte der ältere Heitger.

Das befolgten Fahrer, Schaffner und Fahrgäste angesichts der vor Schweiß triefenden Heitgers und ihrer Bewaffnung nur zu gerne. Von Panik gepackt, drängten sie zu den Türen und purzelten auf die Straße.

»Los!«, brüllte Hans Heitger. Aber die Straßenbahn ließ sich nicht bewegen. Der Wagenführer hatte den Strom ausgeschaltet. Und die Polizisten kamen näher. Hans lief nach vorne, Heinz stellte mit hektisch zitternder wie kundiger Hand den Kontakt wieder her. Noch ein Handgriff und alles Licht erlosch. Dann ging es los. Bedrohlich dunkel rumpelte die leere Straßenbahn los. Die Polizisten hatten gesehen, was geschehen war, riefen sich Kommandos zu. Die von Norden heraneilenden Beamten versuchten eine Barrikade zu bilden. Zunächst nur langsam beschleunigend, dann immer schneller und schließlich in voller Fahrt schoss aber die Straßenbahn auf sie zu. Aus allen Rohren feuerten die Beamten, bis ihre Waffen leergeschossen waren. Kugeln schlugen überall im Wagen ein. Die Heitgers warfen sich auf den Boden, während die Geschosse an ihnen vorbeizischten und die Straßenbahn durch die Straßensperre brach, beiseitespringende Uniformierte neben und hinter sich lassend, fort Richtung Zoo. Die Polizisten rappelten sich auf und eilten dem Geisterwagen hinterher. Doch der jüngere Heitger hatte an der hinteren Tür Posten bezogen, die Pistole im Anschlag, und gab Schuss auf Schuss auf die Verfolger ab. Ein Polizeibeamter stand unter den Baumreihen der Allee und feuerte auf die Straßenbahn. Heinrich schoss zurück. Die Kugel pfiff am Kopf des Polizisten vorbei, durch die offenstehende Tür einer kleinen Trinkhalle und zertrümmerte in deren Rückwand eine Fensterscheibe. In Feuerpausen lud Heinz Heitger aus seinem Munitionsarsenal in den Taschen nach.

Polizeioberwachtmeister Bäcker, ein Schutzpolizist auf Streife, hatte die Schießerei ebenfalls gehört, eilte herbei und sah, wie die Heitgers die Straßenbahn kaperten. An der Riehler Straße/Ecke Deutscher Ring entdeckte er einen Wagen.

»Polizei«, schrie er und befahl dem Fahrer, der Straßenbahn nachzujagen. Durch das Spalier seiner Kollegen hindurch preschte er, nahm schnell noch einen Kollegen auf und war auf hundert Meter an die Straßenbahn herangekommen, als die ersten Kugeln um das Gefährt pfiffen. Trotz aller Zurufe, Befehle und Drohungen bremste da der Fahrer ab und weigerte sich weiterzufahren. Also sprangen die Polizisten heraus und hielten ein soeben aus der Blumenthalstraße querendes Fahrzeug an, wieder Befehl an den Fahrer, in schnellstem Tempo den Zug der Linie 12 zu verfolgen.

Motorengedröhn erregte Heinz Heitgers Aufmerksamkeit, der kurz nach vorne zu seinem Bruder geblickt hatte und sich nun wieder mit zwei Pistolen an der Hintertür des rasenden Straßenbahnwagens hinkauerte. Von hinten näherte sich ein Personenauto, der Abstand wurde immer kleiner. Heinz konnte in der nächtlichen Dunkelheit die Umrisse zweier Männer ausmachen, neben dem Mann in Zivil am Steuer ein Schutzmann auf dem Trittbrett. Er legte an, zielte und klick, seine Munition war verbraucht.

Schnell rannte er nach vorne zu seinem Bruder. Der gab ihm eine Handvoll Patronen und zischte dann angeblich: »Wir springen ab!«

Gegenüber einem Tingeltangel auf Höhe Frohngasse sprangen die Brüder von der Plattform, erst Heinz, dann Hans, und liefen Richtung Rhein. Die Straßenbahn aber blieb nicht stehen. Führerlos preschte die 12 weiter durch die Nacht, in eine weitausschwingende Kurve am Zoo ein. Mit überhöhtem Tempo. Geschwindigkeitsstufe sieben. Die normale Geschwindigkeit lag zwischen eins und fünf. Ihr auf selbem Gleis entgegen fuhr nichtsahnend eine Elektrische der Linie 16, proppenvoll mit Menschen. Sie kamen von einer Tagung im Saal der Flora und wollten nun, gesellig plaudernd, zurück ins Stadtzentrum, während ihnen das Unheil entgegenraste. Da entdeckte der Fahrer, was da ohne Beleuchtung auf ihn zukam. Im Abteil Überraschung, als die Bahn scharf bremste. Aber was brachte das, fragte sich der entsetzte Fahrer, wenn er nicht ausweichen konnte und der Gegenverkehr ungebremst auf ihn zuhielt? Hundert Meter noch bis zum Aufprall.

Polizeioberwachtmeister Bäcker auf dem Trittbrett des verfolgenden Autos hatte da schon längst erkannt, was drohte.

»Näher ran!«, rief er seinem Fahrer zu. Einmal durchgeatmet, konzentriert und mit einem kühnen Sprung war er auf die führerlos dahinkreischende Straßenbahn gehechtet.

Noch achtzig Meter.

Der Polizist hastete durch die Bahn und suchte die Handbremse, fand sie und hängte sich mit aller Kraft in sie hinein.

Noch fünfzig Meter.

Die Bremse quietschte, Funken sprühten.

Noch vierzig Meter.

Der dunkle Wagen der Linie 12 verlangsamte seine Fahrt, bis er schließlich anhielt. Nur ein paar Armlängen von der 16 entfernt. Der dortige Fahrer und die Passagiere sahen noch, wie der Polizist, die Pistole in der rechten Hand, aus dem Wagen stolperte und Richtung Rhein rannte.

Der Kollege im geliehenen Auto sah sich suchend um. Nicht dass sie an den Gangstern vorbeifuhren! Da hörte er eine Mädchenstimme, die aus der ansonsten leer scheinenden Straße rief: »Herr Wachtmeister, sie sind hier in der Frohngasse!«

Ohne den Ursprung der Stimme ausgemacht zu haben, ließ der Beamte den Fahrer abbiegen. Am Niederländer Ufer angelangt, rief ihm ein Mann, dem Aussehen nach ein Metzgergeselle, zu: »Sie sind rechts herum um die Ecke.«

Also weiter. Das Niederländer Ufer war menschenleer, dahinter floss der Rhein in dunkler Ruhe. Von den Heitgers keine Spur. Dann aber, vielleicht vom Duft in Öl gebackenen Fischs aufmerksam gemacht, blickte der Beamte zu Wattlers Fischerhaus, Niederländer Ufer 31. Dort sah er einen Kraftwagen stehen und, wenn das keine Täuschung war, sich bewegende Schatten. Und war das ein Rütteln?

»Fahren Sie zu dem Wagen dort!«, wies er seinen Chauffeur an und sah schließlich deutlich, wie sich zwei Männer hinter dem Wagen verborgen hielten und an dessen Tür rüttelten.

»Halt!«, rief er und meinte dabei wohl gleichermaßen seinen Fahrer wie auch die versteckten Männer, sprang kühn, während der

Wagen noch ruckte, mit gezogener Pistole hinunter, doch geriet er dabei ins Straucheln und fiel wenig heldenhaft zu Boden.

Diesen Moment nutzten die beiden Heitgers und liefen ein Treppchen an Wattlers Fischerhaus hinauf. Zu spät hatte sich ihr Verfolger wieder aufgerichtet und sie mit der Pistole ins Visier bekommen. Gerade als er schießen wollte, sah er in Schussrichtung einen Gast im hell erleuchteten Wirtsraum sitzen. Zu gefährlich! Die beiden Heitgers entwichen in die Dunkelheit des Gartens. Vor ihnen schimmerte schwarz der Rhein.

22. Oktober 1928

Schüsse in der Dunkelheit

Oberwachtmeister Bäcker schlich durch die Dunkelheit in die Nähe des Rheinufers, als plötzlich auf ihn geschossen wurde. Er ging in Deckung und rief einem Zivilisten in der Nähe zu: »Rennen Sie zur Riehler Straße! Holen Sie Verstärkung! Die Heitgers sind hier.«

Er selbst legte sich auf die Lauer: Würden die Heitgers aus dem Wattler'schen Garten in die nördlich angrenzenden Grünanlagen Richtung Riehler Wall flüchten? Ein Schutzpolizist kam zu ihm. Gemeinsam erachteten sie es als ihre Pflicht, den Mut aufzubringen und den Garten abzuleuchten, als auch schon ein größeres Aufgebot uniformierter Polizei und Kriminalpolizei, es mochten rund zwanzig sein, dort eintraf.

»Hier sind sie nicht mehr«, berichteten die beiden. Die Polizei umstellte nun das Grüngürtelgelände. Wieder hallten Schüsse.

Die Heitgers hatten es in die Grünanlagen zwischen dem ehemaligen Vergnügungspark und dem Rheinufer geschafft, in deren Dunkel sie zu Atem zu kommen versuchten. Nervös behielten sie die Umgebung im Auge und luden die Pistolen nach. Ein Überfallkommando der Polizei traf ein. Zwei Hundertschaften waren ausgerückt. Autoscheinwerfer durchforschten das Dunkel, Taschenlampen blitzten auf, Pechfackeln wurden entzündet und flackerten expressive Schattenspiele auf den Boden, bremsende Autoreifen quietschten, Erde knirschte unter Polizeistiefeln, Kommandorufe hallten hin und her. Der Großteil der Beamten, teils in Uniform, teils in Zivil, umzingelte im Handumdrehen den Park sowie das gesamte umgebende Stadtviertel. Einige Polizisten mussten abkommandiert werden, um eine minütlich anwachsende Schar Schaulustiger, Straßenpassanten und Anwohner der nahegelegenen Häuser in ihre Schranken zu verweisen, deren Neugier Furcht und Sicherheitsbedürfnis offensichtlich überstieg. Auf Schritt und Tritt standen sie der Polizei im Weg und konnten nur mit Mühe aus der Gefahrenzone hinauskomplimentiert werden.

Nun war das Gelände hermetisch abgeriegelt.

»Hier kommt keine Ratte mehr durch!«, freute sich einer der Schlachtenbummler.

Und nun? Jeder wusste, warum die ausgelobte Belohnung von Tag zu Tag stieg. Wie hoch würde sie wohl morgen sein, wenn eine tödliche Kugel aus den Waffen der Heitgers die nächsten Opfer gefordert hätte? Doch nun half kein Lamentieren. Dienst ist Dienst.

Eine geschlagene Stunde durchkämmten die Polizeibeamten die in tiefe Nacht getauchte Parkanlage. Erfolglos. Der dunkle Erdboden schien die verfolgten Verbrecher verschluckt zu haben.

»Wir fahren noch nicht heim!«, insistierte der Kommandoführer, während er halb enttäuscht, halb fassungslos den Kopf schüttelte. Wie könnte er jetzt mit allen Männern in die Kaserne zurückkehren? Sie hatten alles vorbildlich abgeriegelt. Die Burschen konnten sich doch nicht in Luft aufgelöst haben!

Das Gebiet durchforstete auch der 26 Jahre alte Polizeiwachtmeister Hans Stommel, der ebenfalls nicht den Wunsch verspürte, die wilde Jagd abzubrechen, obwohl er bereits einen langen Arbeitstag hinter sich hatte. Nachdem der Bereitschaftspolizist nachmittags noch mit einem Überfallwagen ins rechtsrheinische Köln, nach Dellbrück, gefahren war, hatte er danach Posten auf dem Neumarkt bezogen. Sicherlich, hier musste auch die Ordnung aufrechterhalten werden. Stommel war aber ein strebsamer Beamter, voller Liebe zu seiner Uniform und voller Ehrgeiz. Schließlich wollte er bald in den Hafen der Ehe einfahren. Sein Gesuch auf Heiratserlaubnis, das das Dienstreglement der Zeit vorschrieb, lag bereits auf dem Schreibtisch von Polizeipräsident Bauknecht. Das war heutzutage meist nur eine Formsache. Aber gerne würde er sich und seiner Frau gönnen, dass ihre Zweisamkeit auf etwas höheren Sprossen der Karriereleiter begänne. Deshalb hatte er sich sehnsüchtig nach Riehl geträumt, wo die Heitgers gewesen waren. Aber nun ja, ein einfacher Polizist hatte dort seine Pflicht zu erfüllen, wohin ihn der Vorgesetzte abkommandierte.

Dann jedoch war ein Überfallwagen auf Hans Stommel zugerast, verlangsamte direkt neben ihm die Fahrt.

»Heitger in Riehl gesichtet!«, brüllten ihm drei, vier Stimmen entgegen. Mit glitzernden Augen schwang sich der 26-Jährige behände über den Wagenrand, um polternd zwischen den Beinen der anderen Insassen zu landen und mit ihnen Richtung Norden zu brausen. Der Aufregung folgte aber bald die Ernüchterung, als sich die Jagd erfolglos gestaltete. Sollte Stommel unverrichteter Dinge wieder abziehen müssen? Ohne Abenteuer und Gelegenheit, sich auszuzeichnen?

»Gib mir mal deine Taschenlampe«, bat er einen Wachtmeister vom 29. Revier. Etliche seiner Kollegen grinsten: »Hans, wenn du die Heitgers schnappst, kriegst du die Heiratserlaubnis bestimmt.«

Stommel rang sich ein Lächeln ab und pirschte dann, seine Pistole in der Rechten, die Taschenlampe in der Linken, gemeinsam mit einigen Kameraden noch einmal in das dunkle Grüngelände. Hier kannte er sich gut aus, war hier schon unzählige Male auf Streife gewesen. Keine Herausforderung. Zuweilen musste man Spanner, die in den Abendstunden Liebespaare bespitzelten, in die Schranken weisen. Erst vor zwei Wochen hatte er einen dieser schmutzigen Gilde ins Kittchen gebracht. Kurz: Stommel kannte hier jeden Baum und Strauch und jedes Versteck. Fast lautlos schlich er durchs Gestrüpp, zumeist auf die Taschenlampe verzichtend. Es war kurz nach elf Uhr abends, als ein Schatten an einer Bank nahe einem Gebüsch am Riehler Wall sein Interesse weckte. Unter der Bank hockte ein Mann. Stommel winkte Kollegen heran, pirschte mit ihnen zusammen vorsichtig näher, bis sie ganz nah an der Bank waren. Einmal lautlos durchatmen. Waffe? Entsichert. Jetzt auf den Burschen zielen. Und dann: »Hände hoch oder ich schieße!«

Ein junger Bursche mit abstehenden Ohren war es, der unter der Bank hervorkroch. Er richtete sich bedächtig auf. Aber anstatt die Hände hochzuheben, glitt er bedrohlich wie eine Raubkatze näher, sprungbereit, wie in Zeitlupe, während sich Stommel wie gelähmt fühlte. Die stechenden Augen des Unbekannten schienen immer größer zu werden.

»Halt!«

Keine Reaktion. Stattdessen griff sein Gegenüber mit den Händen nach unten.

Schüsse hallten durch die Nacht. Die kreisförmig aufgestellten Polizisten konnten kaum feuern, weil sie befürchten mussten, ihre Kameraden zu treffen. Sie selbst aber waren einfache Ziele. Wohin Heitger feuerte, überall standen Uniformierte. Ein Schuss und Polizeiwachtmeister Semisch hatte eine Kugel in der rechten Schulter. Weitere Schüsse. Kriminalassistent Rautenbach schrie auf mit zwei Streifschüssen am Rücken und an den Fingern der rechten Hand. Ein Schuss und ein uniformierter Wachtmeister, erst drei Monate zuvor von der Polizeischule gekommen, brüllte auf. Bauchschuss. Noch ein Schuss, und ein weiterer uniformierter Beamter krümmte sich mit Leistentreffer am Boden. Und da, noch ein Schuss, und Polizeioberleutnant Markwart zuckte zusammen: Streifschuss am Oberschenkel. Bei einem weiteren Beamten traf die Kugel nur seinen linken Absatz.

Aber die Übermacht war zu groß. Heinz Heitgers Kräfte versiegten endgültig. Wie lange kann der Wille allein das Ende der Geschichte aufhalten? Die ersten Polizisten erreichten ihn, packten ihn und verwickelten ihn in einen Nahkampf. Heinz wehrte sich, fuchtelte mit seiner Pistole. Peng. Ein brennender Schmerz durchzuckte sein Bein. Mit dem Mut der Verzweiflung kämpfte er weiter. Dann blitzte aus Stommels Waffe Mündungsfeuer. Heinz Heitger fiel hintenüber. Die Kugel hatte ihn ins Gesicht getroffen. Erst jetzt, zusammengeknickt auf der Erde liegend, zeigte er sich kampfunfähig.

»Lasst mich!«, rief er schwach, mit blutgetränkter Stimme, »ich habe ja schon zwei Schüsse.«

In diesem Augenblick jedoch verspürte Stommel etwas wie einen Hieb in den Rücken, als habe ihm jemand mit einem dicken Knüppel ins Kreuz geschlagen. Stommel stürzte nach vorn, genau auf den am Boden liegenden Verbrecher, konnte nur noch mit Mühe den Kopf zur Seite drehen. Dort sah er einen Schatten in der Dunkelheit verschwinden: Johann Heitger. Der hatte hinter ihm im Buschwerk gekauert und auf den Polizisten, der seinen jüngeren Bruder niedergeschossen hatte, gefeuert. Stommel war rücklings in den Unterleib getroffen. Durch den ganzen Körper ging die Kugel und trat vorne wieder aus. Durch Blase und Darm.

Stommels Kameraden, vier an der Zahl, keuchten aufgeregt herbei, hoben den Schwerverwundeten von dem darunter liegenden Heinz Heitger herab, betteten ihn vorsichtig an den Wegrand und – ließen ihn dort auf dem kalten Boden liegen, während sie den aus inzwischen mehreren Wunden blutenden Heitger wegschleppten, hin zum Auto.

Heinrich Heitger, über und über mit Blut überströmt, war also gefasst. Wieder einmal. Polizisten suchten seinen Körper ab und fanden seine Pistole. Aber, so viel sei schon hier verraten, nicht alle seine Pistolen. Wieder einmal. Hände legten sich auf seine Schultern, zerrten an ihm herum und führten ihn ab. Es war gegen 23 Uhr 15, als sich die Polizei seiner sicher fühlte. Auf eine Parkbank hatten sie ihn vorerst gesetzt. Als sie ihn jedoch auf die Bahre legen wollten, bäumte er sich auf. Der weidwunde Heinrich Heitger, kaum mehr zu erkennen durch das blutige, zerschossene Gesicht, griff in seine Tasche, in der er, unglaublich, aber wahr, unentdeckt seine zweite Pistole fühlte. Er zog sie, fuhr herum und zielte. Bevor er aber den Abzug betätigen konnte, schoss Offiziersanwärter Wachtmeister Menzel. Der Schuss traf Heitger in die linke Brust, etwas unterhalb des Herzens. Mit einem Aufschrei stürzte er nieder. Blut quoll ihm aus Mund und Nase. Seine Hand aber hielt immer noch die geladene Pistole umkrampft.

Heinz lag auf dem Boden und spuckte Blut. Röchelnd wurde er weggetragen und zum Krankenhaus bei der Basilika St. Ursula gefahren. In einer Hosentasche entdeckte man ein dickes Schlüsselbund, unter anderem mit diversen Magnetschlüsseln für Kraftwagen.

»Kein Wunder, dass die so viele gesicherte Kraftwagen geknackt bekommen haben«, meinte ein Polizist. In seiner Armeepistole fand man noch eine letzte Patrone, die er nicht abgefeuert hatte.

Der verwundete Wachtmeister Hans Stommel lag derweil immer noch in der beständig wachsenden Lache seines Blutes, liegengelassen von seinen Kameraden, die von fiebernder Erregung gepackt hinter Hans Heitger hersprangen.

»Dein Bruder ist tot«, hörte sie Stommel schreien, und wie der flüchtende Hans Heitger mit Pistolenschüssen antwortete. Ein zufällig vorüberkommender Autofahrer sah den Verwundeten auf dem Boden liegen und brachte ihn in scheinbar hoffnungslosem Zustand ins Bürgerhospital am Neumarkt. Er sollte es aber schaffen und konnte später seine Geschichte erzählen.

Polizeipräsident Bauknecht und Stommels Dienstvorgesetzter, Hauptmann Rauchelt, spendeten dem jungen Polizeibeamten bald darauf großes Lob. Was aber nutzten dem jungen Mann die Lobesworte? Zehn schwere Operationen hatte er durchzustehen. Die erträumte Karriere war dem zu achtzig Prozent Körperbeschädigten verschlossen. Von 1935 bis 1944 arbeitete er als Formularverwalter im Kölner Polizeipräsidium. Von 1944 bis 1959 als Beamter des Ordnungsdienstes. Bis zu seinem Tode aber sollte er Bitterkeit verspüren, wenn er an diesen schicksalhaften Tag zurückdachte. Den Lohn für eine tapfere Tat sei sein Vaterland ihm schuldig geblieben, schimpfte er.

22. Oktober 1928

In der Falle

Was ihm wohl durch den Kopf ging? Keine letzten Gedanken oder Worte sind von Heinrich Adolf Heitger überliefert. Nur 21 Jahre alt ist er geworden, gestorben auf dem Transport zum Krankenhaus. Friedlich sollen seine Gesichtszüge ausgesehen haben, wie er nun dalag – wenn da nicht die Blutspuren gewesen wären.

Zur selben Zeit, als sein Bruder Heinrich unter der entscheidenden Kugel zusammenbrach, gegen 23 Uhr 15, sank auch Johann für einen Augenblick in die Knie. Nicht, dass er ernstlich etwas vom genauen Schicksal seines Bruders mitbekommen hätte. Er konnte wohl einfach nicht mehr. Dann aber raffte er sich mit letzter Willenskraft noch einmal auf und raste weiter hinein in die Grünanlage, die Polizei auf seinen Fersen. Und wieder verschwand er. Es war 23 Uhr 20, als die um die Kampfstätte versammelten Menschen das Feuergefecht kurz wieder aufflammen und dann verstummen hörten und die Polizei es für geboten erachtete, die umgebenden Straßen von Zuschauern zu bereinigen. Wer wusste schon, wo der Gehetzte einen Ausbruch versuchen würde?

Im Park wuchs die Nervosität. Wo, verdammt noch mal, war Hans Heitger geblieben?

Er hatte sich auf offener Wiese flach hingelegt. Lichtkegel huschten über ihn hinweg. Er sah, wie um ihn herum Gebüsch und Baumwipfel durchsucht wurden, hörte, wie sich die Polizisten gegenseitig Instruktionen zuriefen, während er selbst möglichst leise und flach und bewegungslos blieb. Nur ein paar Sekunden wieder zu

Atem kommen! Einen klaren Gedanken fassen! Bisher hatte sich ihm in seinem Leben doch immer ein Ausweg aufgetan.

Störende Stimmen schimpfender Polizisten. »Der Erdboden kann ihn doch nicht verschluckt haben!«

Ewig unentdeckt würde Hans hier nicht bleiben. Vorsichtig hob er den Kopf, suchte einen Ausweg.

»Da ist er!«, hallten die Rufe gegen 23 Uhr 30 durch den Park. Hans sprang auf, verfolgt von vier Beamten. Schüsse wurden gewechselt. Er verschwand im Gebüsch Richtung Riehler Wall.

Im dunklen Torbogen eines Hauses stand ein schlanker Schupobeamter und hörte plötzlich das Gebüsch vor sich rascheln. Heraus sprang ein Mann mit bleichem, gehetztem Gesicht. Mit einem Satz war er auf der Straße, rannte geradewegs auf den Torbogen zu, in dem der Schutzpolizist, vom Dunkel umhüllt, sich mit zitternd gezogener Waffe fürchtete. Noch vier bis fünf Meter war Heitger entfernt, als er schließlich den Polizisten bemerkte, für einen Sekundenbruchteil zögerte und dann schoss. Dieser schoss entsetzt zurück. Heitger schlug einen Haken, floh weiter. Aber er lief unrund, hielt sich den Arm. Der war doch verletzt. Trotzdem schaffte er es vorbei an den Posten am Riehler Wall, kletterte eine hohe Backsteinmauer hinauf, rechts der Pforte von Fabrikant Koch. Mehrere Schüsse knallten an ihm vorbei, als er sich von der Mauer schwer in den Garten der Villa herabfallen ließ.

»Umstellen! Den ganzen Block!«

Beamte schwärmten aus. Einige legten sich hinter Büsche oder flach auf den Boden. Andere postierten sich hinter den grünen Trinkhäuschen, die an der Ecke Riehler Straße/Riehler Wall standen, spähten in die Oppenheimstraße hinein. Eine andere Abteilung raste zum Niederländer Ufer. Nach wenigen Minuten schien der gesamte dreieckige Block besetzt und hermetisch abgeschlossen zu sein. Die Villenbewohner wurden evakuiert. Zuvor hatten sie alle Lichter anzuzünden und die Tore zu den Häusern offen zu lassen, damit die Polizei ungehindert hineingelangen konnte. Ohnehin leer war bis auf einen Hausmeister der große Gebäudekomplex der Colonia-Versicherungsgesellschaft an der Südostseite. Eine neue Belagerung begann. Überall Polizisten, kaum einer ohne gezückte Waffe. Einige patrouillierten vorsichtig die Mauer entlang. Die besonders mutigen riskierten Blicke über die Zäune und Mauern. Andere waren hinter den Bäumen postiert, ja, einige sogar in den Bäumen, und hielten von dort Ausschau. An die Gartenmauer, hinter der Heitger abgetaucht war, traute sich niemand. Dort lauerte er höchstwahrscheinlich im Hinterhalt.

Um 0 Uhr 40 trafen die ersten beiden scharfen Polizeihunde ein, die die Fährte des Täters aufnehmen sollten. Es waren zwar keine Spürhunde, sondern Schutzhunde, aber Nasen hatten sie auch.

Die Bevölkerung war in heller Aufregung. Alle Fenster der Straße waren hell erleuchtet. In die Nähe drängten immer mehr Schaulustige, Tausende von Menschen, die auch der Regen nicht verscheuchen konnte und die nur mit viel Mühe auf Distanz gehalten werden konnten. Der Straßenbahnverkehr stockte, da die Gleise der Elektrischen über die Riehler Straße und somit durch die erweiterte Kampfzone führten. Für die Linie 12 wie für die 16 war jetzt am Deutschen Ring Endstation.

»So ein verwegenes Verbrecherstück hat man ja noch nie erlebt, weder in Köln noch sonst wo im Reich«, hieß es. Gerüchte machten die Runde, wie die Heitgers entdeckt worden seien. »Die beiden sind mit etlichen Komplizen in der Riehler Straße aufgetaucht und haben da ein wahres Schreckensregiment errichtet«, wusste einer zu erzählen. Andere berichteten, die Heitgers seien kurz vor zehn Uhr in der Riehler Straße erschienen, um die Rensinghoffs zur Rechenschaft zu ziehen. Dreißig Schüsse hätten sie auf deren Fenster abgefeuert.

Um Mitternacht war die Zahl der Polizeihunde auf dem Gelände auf fünf gestiegen, während beim Schein der Fackeln rund 400 Polizisten in Uniform und Zivil herumschwirrten. Ein Automobil fuhr vor und richtete seine Scheinwerfer auf das Gebäude, das sich hinter den dunklen Baumkronen hell angestrahlt vom Nachthimmel abhob. Polizisten patrouillierten, möglichst im Schatten der Bäume und Häuser. Jeden Moment konnte aus dem Dunkel ein Schuss aufblitzen. Gedanken wanderten zur Familie und den Freunden. Wen würde wohl als nächstes die tödliche Kugel treffen? Ab und an ertönte ein heiseres Bellen. Dann endlich erschien ein großer beweglicher Scheinwerfer auf der Bildfläche, den die Polizei nun durch alle Anlagen der gesamten Umgebung trug.

»Da ist er!«

Die Scheinwerfer tasteten durch die Bäume, nahmen eine mit wildem Wein bewachsene Fensternische ins Visier. Ein Raunen ging durch die Menge. Zahllose Pistolen eröffneten das Feuer. Aber falscher Alarm. Die im Wind wackelnden herbstlich roten Blätter hatten die Figur des Gesuchten vorgegaukelt. Das interessierte Publikum schob aus den hinteren Reihen die vorderen immer weiter auf die Polizeikette zu. Alle Augen schauten mit wohligem Grauen in den geheimnisvollen Garten.

Nun begann die Durchsuchung des Gebäudekomplexes. Haus für Haus, Etage für Etage, Raum für Raum und Quadratmeter für Quadratmeter, von den Kellern bis zu den Speichern durchkämmte die Polizei das Areal. Jeder Winkel der Gartenanlagen wurde mit Pechfackeln durchstöbert. Hunde durchhechelten das Suchgebiet. Eine Stunde lang.

Keine Spur von Heitger.

Dann, gegen drei Uhr morgens, fielen sieben Schüsse in atemlosem Stakkato. Woher kamen die? Die Menschenmenge keuchte. Viele versuchten zu fliehen, drängten auf eng bemessenem Raum hin und her. Mütter griffen aufgeregt nach ihren Kindern, während Polizisten zur Quelle der Unruhe eilten, dem ehemaligen Areal des verschwundenen amerikanischen Vergnügungsparks.

Wieder falscher Alarm. Oder ein Ablenkungsmanöver von Helfershelfern? Revolver wanderten zurück in ihre Etuis. Alle Polizisten gingen zurück auf ihre angestammten Positionen. Die Blicke wendeten sich wieder den dunklen Baumkronen zu. Irgendwo musste er doch sein.

Dieser Ansicht war auch die Polizei. Sie weitete die Suche aus auf den benachbarten Häuserblock, Oppenheimstraße/Worringer Straße. Vielleicht war Heitger von der einen Seite in den Garten rein und auf der anderen sofort wieder raus. Sämtliche Einwohner mussten sich zeigen und ausweisen. Auch hier wurde nun jeder Winkel inspiziert. Ergebnis: Ein seidenes Taschentuch und ein Gartenstuhl, der so stand, dass Heitger ihn eventuell zur Flucht verwendet haben könnte. Oder er stand einfach nur komisch rum.

Im freundlichen Morgenlicht nahm sich der düstere Gebäudeblock wieder ganz anders aus, repräsentativ und wohnlich. Unweit rauschte der große Fluss vorüber. Gegen neun Uhr vormittags wurde die Absperrung des die ganze Nacht hindurch umstellten Häuserdreiecks aufgehoben und der Großteil des Polizeiaufgebots zurückgezogen. Von der großen Schar der Schaulustigen war nur ein kleiner Rest verblieben. Erst nachmittags, nach Arbeitsschluss der Fabriken und Betriebe, kamen wieder Scharen von Neugierigen hergepilgert, nahmen alles in Augenschein, zeigten auf die Bank, auf der der junge Heitger den tödlichen Schuss erhalten hatte. Holzsplitter wiesen auf die abgefeuerten Kugeln hin. Der Regen hatte die Blutgerinnsel auf dem Holzsitz aufgeweicht und eine rote Lache daraus gemacht. Dann schauten die Menschen umher und schüttelten die Köpfe. Genüsslich zitierten die Zeitungen den offiziellen Polizeibericht: »Die Beamten sind fest überzeugt, dass Heitger aus dem Gebäudeblock zwischen Riehler Wall, Oppenheimstraße und Niederländer Ufer nicht herausgekommen ist.« Ja gut, aber gefunden hatte man ihn auch nicht. Selbst wenn er, der ja offenbar angeschossen worden war, irgendwo elendiglich im Gebüsch verendet sein sollte, so hätte man ihn doch entdecken müssen.

Stattdessen fand man lediglich, teils in dem Gebüsch, teils auf den Wiesen des Parks, die Pässe und andere Papiere der Flüchtigen, in wasserdichtes, weißes Tuch gepackt, sowie einen Mantel. Außerdem jenen kleinen, von sämtlichen Steckbriefen der letzten Tage her bekannten Koffer der Heitgers. In ihm ein Paar fast neue Lederhandschuhe, ein Perkalhemd, schmutzig und zusammengeknüllt, ein weißer steifer Kragen, verschiedene Taschentücher und ein Verbandlappen. Außerdem 16 Passvordrucke und sechs ziemlich abgenutzte amtliche Stempel der Polizeidirektion München. Und ein bekritzeltes Notizbuch. Die Heitgers hatten sich in ihrem Versteck ihre Langeweile mit Zeichnen vertrieben. Unter anderem Skizzen von Schutzmannsköpfen zierten die Seiten, wobei die künstlerische Ausführung in der Beurteilung der Presse als ungelenk und talentlos eingeordnet wurde. In einer Manteltasche fand man zudem Fahrscheinheftchen der Straßenbahn sowie Karten einer kürzlich besuchten Kinovorstellung. Neben dem Koffer lag eine geladene Dreyse-Pistole, Kaliber 7,65 Millimeter.

Bei der Kölner Polizei gingen wieder etliche Hinweise aus der Bevölkerung ein, aus dem Stadtgebiet, aber auch aus dem Umfeld. Alles Holzwege. Viel Aufmerksamkeit zog ein Nachen am Rhein auf sich, der verschwunden war. Hatte Heitger vielleicht den Wasserweg gewählt und sich stromabwärts treiben lassen? Der Nachen fand sich kurz später etwas stromabwärts am Ufer. Ob er sich von allein gelöst hatte oder vom Gesuchten als Transportmittel genutzt worden war, konnte nicht festgestellt werden. Möglicherweise war Heitger im Rhein ertrunken. Aber wie zum Teufel war er aus dem Belagerungsring bis an den Rhein gekommen? Nicht nur die Kölner Presse schüttelte fassungslos den Kopf. Zumal die Polizei nicht durch professionelle Außendarstellung glänzte. Man sah die Gesetzeshüter, wie sie die einzelnen Heitger-Sichtungsorte im Kölner Stadtgebiet, die durchaus weit auseinanderlagen, zu Fuß oder mit öffentlichen Verkehrsmitteln aufsuchten. Hatte die Kriminalpolizei denn keinen Schnellpatrouillenwagen? Was war denn hier los? Häme machte sich breit. Erst werden die Verbrecher festgenommen, können sich aber, als sie mangels Dienstwagen in einem Privatauto zur Wache gefahren werden sollen, mittels einer nicht entdeckten Pistole freischießen? Dann werden sie von einem Polizisten gefasst, aber von Passanten befreit? Dann werden sie wieder entdeckt, können aber mit einer geraubten Straßenbahn entkommen? Und dann wird der letzte verbliebene Gangster bis in einen Häuserblock verfolgt, wo er sich aber in Luft auflöst? So eine Geschichte würde ich nie zu erfinden wagen.

25. Oktober 1928

Die letzte Schießerei

Es ist mir regelrecht unangenehm, so unwahrscheinlich ist es, aber Johann Heitger war, wo ihn wahrscheinlich wirklich niemand vermutete. Wir erinnern uns: In jener Nacht, kurz nachdem sein Bruder den entscheidenden Treffer eingesteckt hatte, war er mit vermeintlich letzter Kraft und pfeifenden Lungen mehr über die Gartenmauer von Bankdirektor Zapp gefallen als geklettert. Seine Verfolger im Nacken, hatte er trotz Erschöpfung und Verletzungen noch so viel Energie in sich gefunden, nicht im Garten zu bleiben, sondern am Regenrohr emporzuklettern. Vom Dach eines Nachbarhauses aus erkannte er schnell, dass durch den Belagerungsring bei all den Polizisten, Polizeihunden und Schaulustigen kein Durchkommen war, zumal in seinem Zustand. Da fiel ihm die Dachrinne des Oppenheim'schen Hauses ins Auge. Sehr breit war sie und ziemlich tief. Nicht sonderlich bequem. Aber hier konnte er sich verstecken und verschnaufen, endlich einmal wieder alle Viere von sich strecken. Von hier oben konnte er zudem, seine schussbereite Mauser in der Hand und noch immer etwa ein Kilo Munition in den Taschen, das Schauspiel unten verfolgen, alle Bewegungen und sonstigen Bemühungen der Polizei, die jeden Quadratmeter Boden untersuchte. Er hörte von seinem Logenplatz die Kommandos der Polizeioffiziere und Brandmeister. Andererseits erwischten ihn, wenn er sich flach hinlegte, die Lichtkegel der Scheinwerfer vom

Feuerwehrwagen nicht, die die Nacht zum Tage machten. Hätte er verstehen können, was die Schaulustigen, die sich an den Rand der von der Polizei abgesperrten Kampfzone drängten, miteinander tuschelten, so hätte er wahrscheinlich schmunzeln müssen – trotz Schmerzen am gesamten Körper, trotz der beißenden Kälte. Aber Hans Heitger konnte nicht hören, wie die da unten im Lauf der Nacht Wetten darüber abschlossen, ob er nun schon längst über alle Berge, noch im Häuserblock, zumindest noch in Riehl oder vielleicht wenigstens irgendwo in Köln sei.

Also blieb Hans, wo er war, lag fast regungslos, als das Rumoren der Polizei im Haus unter ihm lauter wurde, griff wohl seine Pistole fester, als auch mitunter Blicke aufs Dach geworfen wurden, fiel bisweilen, als es ruhiger wurde, ungeachtet seines überall schmerzenden Körpers, vor lauter Erschöpfung in den Schlaf. Als der Morgen über dem Rhein graute, sah er von seiner hohen Position immer noch seine Umgebung scharf bewacht, sah die Streifen das Viertel durchziehen, die vielen Neugierigen, die den ganzen Tag über rings um den Villenblock zogen und sich gegenseitig die Originalschauplätze der Sensationen zeigten, die sich in den vergangenen Stunden ereignet hatten.

Erschöpft war Johann Heitger. Er spürte jeden Knochen. Aus zahllosen Wunden troff Blut. Einmal den Kopf zu heben, könnte jetzt alles zunichtemachen. Und so blieb er, vor Kälte und Erschöpfung und wohl auch Verzweiflung zitternd, den gesamten Dienstag in der Regenrinne liegen und versuchte neue Kräfte zu schöpfen. Seine Gedanken werden ihn geplagt haben. Er machte sich gewiss Sorgen, wie es seinem Bruder ergangen sein mochte. Er dachte an den Rest seiner Familie, seine Mutter. An Maria. Er dachte bestimmt an seinen Vetter, den berüchtigten Willi Hübsche, der so überzeugend sprechen konnte. Wenn der nicht gewesen wäre. Wie wäre wohl sein Leben verlaufen? Seine Ruhe wurde nur gestört, als die Polizei plötzlich auf dem benachbarten Dach erschien, das zur Colonia-Versicherung gehörte. Aber sie weiteten ihre Suche nicht aus. Jedenfalls blieb er unentdeckt.

Als es aber am Dienstagabend wieder dunkel wurde, der Häuserblock wie ein schwarzer Fels in den Himmel ragte, in dem der zuweilen durch die Wolken brechende Mond beständig fetter wurde, hielt er es vor Kälte nicht mehr aus. Vorsichtig, nicht dass ihn Polizisten oder neugierige Zaungäste noch hörten oder sahen, kroch er aus seinem Versteck und kletterte dann hinüber auf das Dach der Colonia-Versicherung. Gemütlicher war es hier nicht. Dafür gab es einen Schornstein, aus dem Rauch aufstieg und an den er sich zusammengekauert drückte. Welch eine Wohltat war die Wärme aus dem ziegelummauerten Abzug für seinen ausgekühlten Körper! Dort harrte der Gejagte über zwölf Stunden lang aus, den gesamten Mittwoch, regungslos, um ja keine Aufmerksamkeit zu erregen. Außerdem wollte er seine Kräfte sammeln für einen weiteren verzweifelten Ausbruchsversuch. Er hatte gehofft, dass das emsige Treiben rund um sein Versteck schnell abebben würde. Noch immer aber schien halb Köln auf den Beinen zu sein, um in dichten Kolonnen, durchsetzt von Polizeistreifen, zum Rheinufer zu pilgern. An die tausend Menschen besichtigten die Spuren der Feuergefechte wie erlesene Museumsexponate, von Blutstropfen bis zu abgebrochenem Gebüsch. Und ständig hoben sich auch die Blicke zum Häuserblock, in dem Heitger verschwand.

Hans Heitger war zum Tode matt und fühlte einen wütenden Hunger, doch vor allem Durst plagte ihn immer mehr, bis es schließlich ganz unerträglich wurde, obwohl doch nur durch eine Straße von der Villa getrennt der Rhein floss. So nah und doch so fern. Aber in der Villa, die zum Rhein hin in jenem Häuserdreieck lag, das die Polizei so gründlich durchsucht hatte, musste es doch eine Küche geben, mit etwas zu essen und zu trinken. Küchendünste konnte er erschnuppern. Schließlich nahm sich Hans ein Herz. In ein Entlüftungsrohr aus Zinn ritzte er: »Hier hat Hans Heitger drei Tage gelebt. Ob es die letzten sind?« Dann, am Donnerstag in aller Frühe, als fast die gesamte Stadt noch schlief, kletterte er in ein offenes Fenster.

Er fand sich im menschenleeren Fremdenzimmer der Villa von Generaldirektor Dr. Oertel. Hier lockte ein Bett zum Verweilen. Doch trieb ihn ein verzweifelter Durst weiter. Er durchschlich die oberste Etage. Wie wäre seine Geschichte wohl ausgegangen, wenn er in seiner Erschöpfung nicht ausgerechnet die Badezimmertür übersehen hätte? Anstatt sich hier am Wasserhahn gütlich zu tun, ging er vorsichtig die Treppe hinunter. Treppauf huschte gleichzeitig das Hausmädchen, die 19 Jahre alte Maria, um Direktor Oertel seine Privatpost zu bringen. Dieser würde alsbald aufstehen. Als Maria aufblickte, sah sie sich Aug in Auge mit einem jungen Kerl mit fleckigem Gesicht, struppigen Haaren und ausgehöhlten Augen.

»Wasser!«, keuchte er, als er ihr entgegentrat, während er gleichzeitig mit der Pistole drohte und ihr dann zuwisperte: »Ruhig, still, ganz ruhig!«

Das Hausmädchen Käthe hörte einen gellenden Schrei, fuhr herum und sah ihre Kollegin Maria, die zu ihr rannte und schrie: »Mörder!« Beide hasteten die Wendeltreppe hinunter, Heitger hinterher, der suchte allerdings nur die Küche. Als er sie gefunden hatte, stand er der Köchin des Hauses gegenüber. Auch sie schrie laut auf, als sie Heitger sah, heruntergekommen und furchtbar abgemagert.

»Hunger! Durst!«, röchelte der Fremde.

»Kerl, friss alles, loß nur min Levve!«, entgegnete sie hektisch und rannte aus dem Zimmer.

Auch Heitger flüchtete, nachdem er gierig ein paar Schluck Wasser genommen hatte. Den Weg zurück, den er gekommen war, die Treppe hinauf, wo er im Hochparterre abermals auf Maria traf. Diese intensivierte ihre Schreie und rettete sich in einen einstöckigen Gebäudetrakt, der das Wohnhaus mit dem benachbarten Direktionsgebäude der Colonia-Versicherung verband.

Als er die Schreie hörte, schreckte der Chauffeur Rümkens in seinem Zimmer auf und ahnte nach allem, was in den letzten Tagen in Riehl los war, das Schlimmste. Er schnappte sich seinen Revolver, eilte in den Hof und gab einige Alarmschüsse ab. Die dürften doch die Polizei anlocken.

Christian Oertel, in Göttingen promovierter Doktor der Rechtswissenschaften, nunmehr Generaldirektor der Colonia-Versicherungsgesellschaft und im vergangenen August zum »Lettländischen Honorarkonsul« in Köln ernannt, lag noch im Bett neben seiner Gattin Emmy, als er um Punkt 7 Uhr 30, in eben jenem Augenblick, als sein Wecker zu klingeln anheben wollte, einen Schrei hörte. Der 44-Jährige sprang aus dem Bett, stürzte ans Fenster und sah, wie das Dienstmädchen aus einem Fenster dem draußen stehenden Chauffeur etwas zurief: »Heitger ist im Haus!«

Oertel lief es kalt den Rücken herunter.

»Die Kinder!«, rief seine Ehefrau, die noch an den Nachwirkungen einer Operation litt und bettlägerig war. Oertel rannte aus seinem Schlafzimmer, durch das Frühstückszimmer, bis vor die Tür des Kinderzimmers, in dem sich sein fünf Jahre alter Sohn Fritz Christian und seine achtjährige Tochter Charlotte in der Obhut der Erzieherin Elisabeth befanden. Die waren von den Aufregungen der vergangenen Tage ohnehin sehr mitgenommen. Voller Angst vor den frei herumlaufenden Verbrechern hatten sie sich kaum getraut, den Schulweg zum Eigelstein zurückzulegen.

»Schließt die Türe von innen ab und bleibt drinnen«, rief er, um anschließend zurück in sein eigenes Zimmer zu seiner Gattin zu eilen. Angst und Aufregung standen ihr ins Gesicht geschrieben.

»Wo sind die Kinder?«, fragte Emmy.

»Ich habe ihnen gesagt, sie sollen die Tür von innen verriegeln.«

»Du solltest sie holen!«

Also kratzte Generaldirektor Doktor Oertel abermals seinen Mut zusammen und schlich in leichter Morgenkleidung aus seinem Gemach. Als er diesmal die Tür zum Frühstückszimmer öffnete, sah er sich nur zwei Schritte von einer auf ihn zielenden Pistolenmündung entfernt. Hans Heitger stand vor ihm am gedeckten Frühstückstisch. Der Eindringling zielte mit der Pistole auf Oertels Brust und gebot Oertel mit einer Bewegung, sich ruhig zu verhalten. Die Backen bis zum Bersten gefüllt, unterbrach er sein hektisches, gieriges Kauen.

»Raus!«, rief er mit vollem Mund.

Der Generaldirektor zog sich zunächst vorsichtig, dann immer schneller zurück und knallte schließlich mit wehendem Morgenmantel die Tür zu. Seine Frau schaute mit großen Augen, wie Oertel zum Telefon lief: »Ich rufe das Überfallkommando!« Doch er musste feststellen, dass der Apparat tot war. Heitger hatte die Haupttelefonleitungen durchschnitten. Oertel schnappte sich seine Frau und schloss sich gemeinsam mit ihr im Badezimmer ein.

Heitger war derweil beim Kinderzimmer angelangt. Er rüttelte an der Tür. Sie ging nicht auf.

»Aufmachen!«, brüllte er. Von drinnen antworteten ihm Kinderschreie. Von draußen erschallte eine Stimme: »Der will sich hinter einer Zivilperson verschanzen!«

Die Schüsse, die Chauffeur Rümkens abgegeben hatte, waren in der Tat nicht unerhört geblieben. Die Streife in der Oppenheimstraße war aufmerksam geworden. Fünf Mann spitzten die Ohren. »Das kam vom Rheinufer.« Die Streife eilte los. Am Kaiser-Friedrich-Ufer entdeckte sie den winkenden Oskar Schulz, den Hausmeister des Hauses 105. »Hierher! Heitger ist hier!«, rief er sie aufgeregt herbei. Die fünf Beamten trommelten neben dem Chauffeur und dem Hausmeister der Villa noch einige Passanten zur Verstärkung zusammen und umstellten – wer hatte, mit gezückter Pistole – das Haus. Dann schickten sie nach weiterer polizeilicher Unterstützung.

Neben einer neugierigen Menschenmenge fand sich auch bald die Feuerwehr ein. Generaldirektor Oertel sah bei einem Blick durchs Badezimmerfenster, dass seine Kinder und ihre Betreuerin auf den Balkon zum Riehler Wall hin geflüchtet waren. Der besorgte Vater öffnete das Fenster und rief den Feuerwehrleuten zu, sie mögen die Kinder vom Balkon herunterholen. Dies war aber nicht so einfach, denn der Balkon war weit oben und eine passende Leiter nicht verfügbar. Letztlich banden die Polizisten mit Chauffeur Rümkens und Hausmeister Schulz zwei Leitern zusammen. Auf diesem Provisorium kletterte Schulz fix bis zum Balkon hinauf, schnappte sich dort nacheinander die Kinder und ihre Betreuerin und brachte sie herunter in Sicherheit. Die Eltern Oertel atmeten auf, bis sie sich wieder der Gefahr stellten, in der sie sich selbst befanden. Wo war bloß Heitger?

Johann Heitger sah sich abermals von der Polizei umzingelt. Er eilte ins Dachgeschoss, zurück ins Fremdenzimmer, in das er eingestiegen war. Aber er konnte nicht unbehelligt die Regenrinne zurück aufs Dach klettern, ohne ein willkommenes Ziel für die Schießkünste der Kölner Polizei abzugeben. Also verbarrikadierte er sich in dem großen Eckzimmer im südöstlichen Teil der Villa. Sämtliches Mobiliar schob er vor die Tür. Er linste aus dem Fenster. Aus allen Ecken und Enden der Welt schienen Überfallwagen heranzudröhnen. Aus diesen quollen Bereitschaftspolizisten aufs Pflaster, Tschakos auf den Köpfen und Karabiner umgehängt. Dazu Kriminalbeamte in Zivil, die Filzhüte tief ins Gesicht gezogen und die Hände in den Manteltaschen vergraben, deren Blicke auch zum Mansardenzimmer hinaufwanderten.

Alle Auswege waren verstellt. Seine Augen fanden einen Schreibblock und einen Stift. Die nahm er sich und schrieb einen Abschiedsbrief an seine Mutter.

Um 7 Uhr 25 hatte das Telefon auf dem Polizeirevier in der Hülchrather Straße geklingelt: »Heitger ist im Haus Kaiser-Friedrich-Ufer 105. Kein Irrtum möglich!« Da stand auch schon ein Radfahrer in der Tür. Der Chauffeur von Generaldirektor Oertel schicke ihn um Hilfe. Hans Heitger sei in der Villa seiner Herrschaften, Kaiser-Friedrich-Ufer!

»Das Überfallkommando ist schon benachrichtigt«, war die aufgeregte Antwort von Polizeihauptmann Franz Kieslich, dem Vorsteher des 29. Polizeireviers, der zwar nicht aus dem Bett, aber aus seiner Wohnung in der dritten Etage am Neusser Wall 46 geholt worden war. Kurze Zeit später war dann fast die gesamte Belegschaft unterwegs. Um 7 Uhr 35 Uhr kamen sie an der notdürftig umstellten Villa am Kaiser-Friedrich-Ufer an. 25 Beamte der dritten und vierten Bereitschaft der Polizeiinspektion Nord in Riehl schlossen den Kreis um Heitger.

Liebe Mutter! Noch eine Viertelstunde und der Kampf beginnt, und mein Leben ist zu Ende. Verzeihe Deinem Sohn alles, denn wenn Du diese Zeilen liest, bin ich tot, und den Toten soll man doch alles verzeihen. Du hast viel gelitten durch mich. Aber auch dieser Schicksalsschlag darf Dich nicht niederwerfen, denn Du hast ja noch andere Kinder, die besser geraten sind als ich und die Dich brauchen und Dir gut sind. Lebe wohl, liebe Mutter, wir sehen uns wieder im Himmel. Denn wenn ich auch ein Mörder bin, schlecht war ich nie. Dein Sohn Hans. Hoffentlich treffen sie mich gut.

Dann drehte Heitger das Blatt um und schrieb auf die Rückseite den Vermerk, man möge diesen Abschiedsgruß seinen Angehörigen übermitteln. Die Menschenmenge draußen wurde immer größer. Immer mehr Polizisten. Immer mehr Wachen. Im Haus selbst war es aber noch still. Hans nahm ein weiteres Blatt Papier und schrieb einen weiteren Brief.

Um 7 Uhr 40 war die Straße abgeriegelt. Hinter einer Litfaßsäule positionierte sich der Generalstab mit dem Chef der Kölner Mordkommission und Leiter der Dritten Kriminalinspektion, Kommissar Wendling. Außerdem Kriminalpolizeirat Haertel. Prominentester Belagerer war Polizeipräsident Bauknecht, der trotz der frühen Stunde an die Front eilte. Auch Vizepräsident von Harnack traf schließlich ein.

In diesem Augenblick schlug nun die Stunde von Polizeihauptmann Kieslich. Er blickte in die Runde. Alle blickten zurück.

»Kriminalassistent Thomas, wir gehen rein! Mit mir kommen noch Hoffmann, Königs, Münster, Oberheldmann, Oberkott und Zaunbrecher. Und Meiboom.«

Wie viele Zivilpersonen noch drin seien?

Köchin, Hausmädchen, Kindermädchen, Chauffeur und Hausmeister blickten sich um: Alle seien raus bis auf die Herrschaften. Sie gaben eine kurze Erläuterung der Räumlichkeiten und diverser Eigenheiten, machten auf mögliche Verstecke aufmerksam. Irgendwann wurde es Kieslich zu kompliziert.

123

»Schulz, kommen Sie mit rein!«, befahl er dem Hausmeister.

Und so schwärmten die Beamten unter Beratung des Hausmeisters ins Gebäude, um es zu durchsuchen. Auch Kriminalpolizeirat Haertel und Kommissar Wendling ließen es sich nicht nehmen, ins Haus einzutreten.

Liebe Geschwister, wenn Ihr mir verzeihen könnt, so verzeiht. Ich habe viel an Euch gesündigt, aber ich strauchelte von einer Grube in die andere. Immer, immer tiefer. Dass ich mal zum Mörder würde, hätte ich nie geglaubt. Lebt wohl! Ich bin ja doch Euer Bruder, lebt wohl! Heinz, Dir schadete ich vielleicht am meisten. Aber auch Du wirst dem Toten wohl verzeihen, was Du dem Lebenden nicht kannst.

»Doktor Oertel? Hier ist die Polizei«, hallte es vom Erdgeschoss durchs Haus. »Wo sind Sie?«

»Im Badezimmer«, kam die gedämpfte Antwort von oben.

»Ist Ihre Gattin bei Ihnen?«

»Ja!«

»Bleiben Sie, wo Sie sind, wir kommen zu Ihnen. Halten Sie die Türe verschlossen.«

Und dann: »Heitger! Ergeben Sie sich. Sie können nicht entkommen!«

Keine Antwort.

Vorsichtig gingen die Polizisten, per Zuruf beraten von Generaldirektor Oertel, der hinter der verschlossenen Tür lauschte, von Raum zu Raum, schlossen jedes Zimmer hinter sich ab, das sie durchforstet und dessen Mobiliar sie durchsucht hatten. Man begann im Erdgeschoss und arbeitete sich aufwärts, die Stiege hinan, nach links und rechts sichernd und nach vorn und nach hinten. Wer wusste, wo der verschlagene Revolverheld plötzlich auftauchen und losballern konnte!

Lieber Vater, schrieb Johann in seinem Versteck, *die Zeit eilt. Sie kommen schon. Ich will Dir noch schnell danken für alles Gute, das Du mir getan. Du warst so gut, wie ein Vater nur sein kann. Sei der Mutter niemals böse und helfe ihr durch Güte diesen Schicksalsschlag ertragen. Lebe wohl, Papa, Dein Sohn Hans.*

Erdgeschoss und erste Etage waren abgesucht. Ein Beamter war beim Ehepaar Oertel im Badezimmer geblieben. Sie durch das Haus zu lotsen, während man noch nicht wusste, wo Heitger war, erschien zu gefährlich. Also ging es, beraten durch den Hausherrn, weiter. Schließlich kamen die Polizisten in den Südflügel des zweiten Obergeschosses. Dort war am Ende eines Gangs eine Tür verschlossen, und ebenso zur rechten und linken. Die Schlüssel, erklärte Oertel aus dem Badezimmer, müssten außen in den Türen stecken. Taten sie aber nicht.

Die Polizisten warfen sich konzentrierte Blicke zu. Jetzt schien es ernst zu werden.

Liebe Maria, wenn Dir auch vielleicht an meinem letzten Gruß nichts gelegen ist, aber nein, Du zürnst mir nicht, denn Du hast mich geliebt, wie ich Dich. Ich habe viele Mädel kennen gelernt, doch geliebt habe ich Dich, nur Dich allein, schrieb Johann. *Liebe Maria, wenn Du meine Gedichte haben willst, so bitte den Herrn Staatsanwalt, er möchte sie Dir aushändigen, und ich glaube, er wird es eventuell tun. Denn damit können sie doch nichts anfangen. Wenn sie auch nicht schön sind, so schrieb ich sie doch in Liebe zu Dir. Ich küsse dich schnell noch einmal. Sie kommen, sind schon zwei Türen nebenan. Lebe wohl! In Liebe Dein Hans*

Zunächst spähte die Polizei durch das Schlüsselloch der Tür zum Zimmer am Kopfende des Gangs. Nichts zu sehen.

»Aufbrechen.«

Die Polizei sprengte die Tür auf. Erleichterung, als ein Kugelhagel von innen ausblieb. Aber nun keinen Fehler machen. Heitger konnte irgendwo versteckt lauern. Polizisten untersuchten jeden Winkel. Hier schien alles klar zu sein. Dann das Gleiche mit dem Zimmer zur Rechten. Auch hier fanden die Männer weder Gegenwehr noch Spur. Dann vorsichtig das Auge ans Schlüsselloch des Zimmers zur Linken.

Zerknülltes Papier im Schlüsselloch versperrte die Sicht. Alles trat einen Schritt zur Seite. Jeden Moment konnten Kugeln durch das Holz brechen.

Johann Heitger kritzelte hektisch weiter, während die Türklinke gerüttelt wurde.

An die Staatsanwaltschaft: Ich möchte Sie bitten, beim Karl Lindemann bei der Verurteilung zu berücksichtigen, dass Karl Lindemann wohl furchtbar leichtsinnig ist, aber allein solch einer Tat wie ein Überfall nicht fähig ist. Er stand vollständig unter meinem Einfluss. Er wollte ein Leben führen, ohne viel zu arbeiten, und er kam in meinen Bann und damit ins Verderben. Wollte er nicht mitmachen, so musste er sich trennen und arbeiten, und das mochte er auch nicht gern. Ich höre gerade ...«. Hier wurde es wohl unleserlich. Dann weiter: »*Wenn ich noch Munition hätte, hätte ich ge-*

schossen. Dann eben das. Kampfesmut ... Wie lange wird's noch dauern. Bald werde ich am Letzten sein.

»Heitger? Machen Sie auf und kommen Sie mit erhobenen Händen raus!«

Keine Antwort.

»Eintreten!«

Wuchtig und professionell war der Fußtritt von Assistent Thomas. Die Tür ging aber nur etwa eine Handbreit auf. Etwas blockierte sie.

Ein Beamter der Schutzpolizei und ein Beamter der Kriminalpolizei standen an der Tür, die anderen Beamten um sie herum.

»Er hat von innen Möbelstücke vorgeschoben.« Durch den Spalt sahen sie in einen Wandspiegel. In diesem spiegelte sich ein Bett. Am Fußende dahinter kniete Heitger. Die Läufe zweier Pistolen hatte er über die Holzkante des Bettgestells geschoben und lauerte.

»Versucht die Tür noch ein Stück aufzubekommen!«

Während die Beamten mit aller Gewalt versuchten, die Tür weiter zu öffnen, zeigte der Spiegel, wie sich Heitger mit Federbett und Matratze zudeckte.

»Sie sind im Spiegel zu sehen«, rief Polizeihauptmann Kieslich ihm durch den Türspalt zu. Er versuchte, möglichst viel Ruhrpott-Dialekt in seine Stimme zu legen. Schließlich war er selbst im Sommer 1922 von Bochum nach Köln gekommen. Sein 15 Jahre alter Sohn war gebürtiger Bochumer. »Kommen Sie heraus und ergeben Sie sich! Hände hoch! Es wird nicht geschossen!«

Als Antwort fing Heitger an zu schießen. Die Polizisten warfen sich auf den Flurboden. Heitger hörte gar nicht mehr auf, feuerte unaufhörlich drauflos. Kugeln durchlöcherten die Flurwand.

Jetzt erwiderte auch die Polizei das Feuer durch die Türöffnung. Schließlich ebbte der Schusswechsel ab. Stille.

»Evakuieren Sie das Ehepaar Oertel!«, befahl Kieslich und rief dann Meiboom zu sich. Der Polizeioberwachtmeister und Offiziersanwärter Rudolf Meiboom war erst 21 Jahre alt war, geboren am 28. April 1907 in Rüstringen bei Wilhelmshaven. Unverheiratet. Vor etwa anderthalb Jahren war er von der Polizeischule Hildesheim nach Köln gekommen.

»Meiboom, Sie nehmen sich jetzt einen Schutzpanzer«, befahl Kieslich mit gedämpfter Stimme. »Ziehen Sie ihn nicht an. Halten Sie ihn sich zur Deckung vor das Gesicht, vor den Kopf und vor die Brust. Dann kriechen Sie ein Stück hinein und geben ein paar Schuss ab. Bleiben Sie in Deckung! Während Sie schießen, können wir dann nachrücken.«

Im Spiegel war zu sehen, wie Heitger seine Pistole nachlud.

Oberwachtmeister Meiboom legte sich in den Gang, parallel zu Wand und Tür, und schob sich durch die schmale Türöffnung. Mit der linken Hand hielt er den Kugelpanzer vor den Kopf. Stück für Stück. Was tat Heitger? Würde er sich auf ihn stürzen? Blind schoss Meiboom mit der rechten Hand in den Raum hinein, wo er Heitger vermutete. Hatte er getroffen? Er wagte einen Blick, nur kurz, rechts vorbei am Kugelpanzer, den er vor sich hielt. Heitger feuerte. Die Kugel traf Meiboom direkt in die Stirn über dem rechten Auge.

An seinen Beinen, die immer noch hinten aus der Tür lugten, zogen ihn seine Kameraden aus dem Zimmer zurück, aus der Schusslinie, und brachten ihn im Korridor zunächst in Deckung. Noch atmete er. »Sofort ins Krankenhaus mit ihm!«

Johann Heitger sprang unterdessen ans Fenster. Vielleicht hatte sich ja draußen eine Lücke aufgetan, durch die er es jetzt aufs Dach schaffen könnte. Aber seine Welt war eng geworden.

Mittlerweile war es gegen neun Uhr. Die Straßenbahnen am Rhein, die mitten auf der Strecke halten mussten, sorgten in der

Bevölkerung für erste Aufmerksamkeit. Dazu die immer mehr werdenden Polizisten. Mannschaftswagen und Feuerwehrwagen reihten sich vor dem Backsteinhäuschen am Rheinufer. Um die Oertel-Villa hatte sich eine riesige Menschenmenge gesammelt. Die Polizei musste wieder für Ordnung sorgen, damit sich die Schaulustigen doch zumindest hinter der großen Kaimauer in Deckung brächten. Von dort konnten sie ja immer noch auf die Mansardreihe schauen, wenn es denn unbedingt nötig war. Äußerstes Fenster an der Ecke, Richtung rheinaufwärts. Einige behaupteten auch, ihn schon am Fenster gesehen zu haben. Der Generalstab der Polizei war immer noch in der Nähe einer Litfaßsäule postiert, sodass man sich schnell dahinter verkriechen könnte, sollte es die Situation erfordern. Plötzlich ein Raunen. Die Beamten, die vor der Villa draußen auf der Straße warteten, deuteten auf eine Hand mit Pistole, die aus dem Fenster des Eckzimmers im obersten Stock langte.

»Heitger!«, schrien sie. Ein Schuss zischte aus dem Fenster. Die Antwort war eine Salve aus den Karabinern. Hinter jedem Baumstamm, der an der Straße in die Höhe wuchs, lugten Polizisten in blauer Uniform hervor. Auch auf dem roten Backsteinhäuschen stand ein Blauer und feuerte mit dem Karabiner. Eigentlich waren auch in den Fenstern der unteren Etagen Polizisten zu sehen gewesen, aber die warfen sich nun lieber auf den Boden.

»Heitger!«, rief es drinnen in die Knallerei hinein. »Ergeben Sie sich. Sonst kommen jetzt Handgranaten!«

Johann Heitger hechtete zurück in Deckung und riss den Spiegel herab, durch den man ihn hatte beobachten können. Verbarrikadiert hinter den Möbeln, feuerte er Schuss auf Schuss durch die Tür.

»Holen Sie Handgranaten!«, befahl Polizeihauptmann Kieslich.

»Sollen wir ihn von innen beschäftigen und dann die Granate von draußen durch ein Fenster reinwerfen?«

»Nein, die Detonationswelle schmeißt uns dann noch die Leiter um. Wir schmeißen vom Korridor aus.«

»Handgranaten?«, fragte Polizeipräsident Bauknecht draußen vor der Villa hinter seiner Litfaßsäule und versuchte alle möglichen Konsequenzen abzuwägen. »Einverstanden«, seufzte er schließlich, »wenn es nicht anders geht, dann mit Handgranaten.«

Wenige Minuten später war eine Kiste mit Handgranaten nach oben geschleppt.

»Johann! Die Handgranaten sind da. Überlegen Sie es sich doch. Kommen Sie raus und ergeben Sie sich!«

Polizeihauptmann Kieslich lauschte. Statt einer Antwort drang aus dem Innern des Zimmers nur das metallische Klicken eines Ladestreifens, der in eine Schusskammer einschnappte. Kieslich war im Weltkrieg Soldat des vierten Lothringer Feldartillerie-Regiments Nr. 70 gewesen, das in Cambrai und Arras und Verdun gekämpft hatte. Er schaute die schwere Munition seufzend an. Dann befahl er: »Alle zurücktreten. Königs, wir werfen die erste Handgranate!«

Der Beamte Königs zog die erste Handgranate ab und legte den rauchenden und zischenden Sprengkörper vor die Tür.

»In Deckung!«

Die Beamten gingen auf Distanz.

21, 22, 23, 24, 25.

Ein Blitz und dann ließ ein gewaltiger Knall das gesamte Gebäude erzittern. Fenster klirrten, Holz barst und zersplitterte, Kalk rieselte von Decke und Wänden. Die zwei Zimmertüren im Gang zerriss es vollständig. Nur gerade die dritte Tür, die zu Heitgers Versteck führte, hielt stand. Lediglich der obere Teil, der nicht von den Barrikaden gestützt worden war, wurde aus dem Rahmen gerissen und flog in das Zimmer hinein.

Während Rauch- und Pulverschwaden ins Treppenhaus abzogen und aus den Fensteröffnungen quollen, hörte man Schüsse. Heitger feuerte durch die vergrößerte Türöffnung. Zu sehen war fast nichts, denn die Granate hatte einen geradezu undurchdringlichen Qualm entwickelt.

»Lassen wir ihn etwas ballern«, meinte Kieslich.

Kurze Zeit später war wieder Stille eingetreten.

»Heitger!«, rief Kieslich, nachdem er etwa fünf Minuten hatte verstreichen lassen. »Kommen Sie endlich raus, Hände herausgestreckt! Das ist doch sinnlos!« Aber Heitger gab keine Antwort.

Die zweite Handgranate flog zu Heitger hinein, geworfen in die rechte Zimmerhälfte. Mit lautem Knall explodierte sie. Der Schrank zerbarst, die Scheiben des Zimmers fielen aus dem Fensterrahmen.

Heitger hustete und schoss weiter. Kugeln perforierten die Korridorwand vor der Zimmertür.

Die nächste Handgranate explodierte in der linken Zimmerhälfte. Draußen sah man, wie im Obergeschoss der Villa die letzten heilen Fensterscheiben des Kampfzimmers auch noch barsten. Auf dem Boden davor war alles mit Glassplittern übersät. Die Detonationswelle schleuderte die Gardinen bis auf die gegenüberliegende Straßenseite. Gardinenfetzen wehten an den Fenstern hinaus. Abgerissene Dachziegel lagen in der Dachrinne.

Aus dem Innenraum drang dichter Qualm, der nur widerwillig Einsichten gewährte.

»Aufhören«, rief Heitger hustend. »Hört auf! Ich komme!«

Die Polizei wartete, die Waffen auf den zerborstenen Türrahmen gerichtet. Durch den Rauch war nichts zu sehen. Hans ließ auf sich warten. Sekunden türmten sich zu Minuten. Von innen kein Geräusch.

»Heitger?«

Keine Antwort.

»Verdammt noch mal, kommen Sie jetzt! Sonst kommt die vierte Handgranate!«

Drei Minuten waren vorüber. Polizeihauptmann Kieslich wedelte den Qualm beiseite und lugte vorsichtig durch das Loch, das die erste Handgranate in die Tür gerissen hatte. Er sah nicht nur die Verheerung, die die Granate hervorgebracht hatte. Da war Heitger, zusammengekauert in einer Ecke. In beiden Händen schussbereite Revolver. Ihre Blicke trafen sich. Blitzschnell zog Kieslich den Kopf zurück: »Jetzt ists genug!«

Kieslich und König schossen von oben herab durch den Spalt der zerfetzten Türfüllung ins Zimmer, einfach blindlings drauflos. Heitger erwiderte dieses Feuer noch mit drei oder vier Schuss, dann sah Polizeihauptmann Kieslich, als er nochmal vorsichtig durch das Loch in der Tür spähte, wie Heitger, offenkundig getroffen, aus seiner Hocke hintenüberfiel. Er sah, wie ihm die Pistole aus der rechten Hand glitt, wie sie zu Boden plumpste. Um 9 Uhr 42 drangen mehrere Polizisten in das Zimmer ein.

Waren die Wände des schmalen Flurs schon von den Kämpfen gezeichnet, so bot sich im Fremdenzimmer ein Bild der Verwüstung, ein chaotisches Durcheinander von Heitgers Barrikaden und den Verheerungen der Handgranaten. An Decke und Wänden waren zahllose Einschüsse teils beträchtlicher Größe zu sehen, verursacht von den Handgranaten sowie den Karabinern, mit denen die Polizei auch von der Straße aus in das Zimmer geschossen hatte. Die Fensterscheiben waren zertrümmert, ebenso die Spiegelscheiben des Schranks. Der Boden des Zimmers war mit Kalk bedeckt, der an einzelnen Stellen mit Blut durchtränkt war. Nahe der Tür, wo Offiziersanwärter Meiboom den Kopfschuss erhalten hatte, war eine große Blutlache.

Heitger lag bewegungslos im Zimmer. Er bot mit seinen zahlreichen Verwundungen und seinem völlig heruntergekommenen Aussehen einen schrecklichen Anblick. Sein Kopf hing kraftlos zur Seite, das Gesicht, von Blut überronnen, war geschwärzt von Pulverrauch. Seine Augen waren geschlossen. Er atmete schwach. Aus seinem Bauch quoll Blut. Eine Hand war durchschossen. Man fand zwei Pistolen bei ihm: die Waffe des getöteten Vollmer und eine Mauserpistole, Kaliber 7,65, wie sie auch sein Bruder gehabt hatte, außerdem Patronen verschiedener Kaliber.

Draußen sah die Menschenmenge, wie Polizeibeamte aus der Hintertür der Villa an die frische Luft traten und dort ihre Panzer und Karabiner ablegten. Zwanzig Mann besetzten die Tür. Ein Krankenwagen fuhr vor. Nun trug die Polizei den leblosen Hans Heitger auf einer Bahre das Treppenhaus hinunter, durch das Spalier der Schaulustigen. Er tröpfelte eine Blutspur bis hinein ins Krankenauto. Heitgers Kopf lag zur rechten Seite geneigt. Blutüberströmt war er. Das Gesicht schmal und blass, die Nase ragte spitz hervor. Kleider und Haare waren über und über mit Mörtel bedeckt. Nur seine braunen Schuhe glänzten hell.

Der Krankenwagen fuhr, streng bewacht von den immer noch misstrauischen Polizisten, los nach Süden, in Richtung der Basilika Sankt Ursula, in deren Nähe, in der Eintrachtstraße, das Vinzenzhospital lag. Es galt damals als modernstes Krankenhaus des Rheinlands, der Neubau war erst im Januar 1928 eingeweiht worden. In ebenjenem Moment, als Johann Heitger ankam und umgehend zur Untersuchung durch Professor Dreesmann in den Operationssaal verfrachtet wurde, wurde die Leiche seines jüngeren Bruders Heinrich hinaus zur Leichenhalle transportiert.

25. Oktober 1928

Im Krankenhaus

Noch verband Assistenzarzt Dr. Link Johann Heitgers Wunden im Operationssaal, da steckten Ärzteschaft und Staatsgewalt bereits die Köpfe zusammen. Wann man ihn ins Gefängnislazarett des Klingelpütz verlegen könne, fragte der Gerichtsarzt.

Heitger habe eine fünffache Verletzung, erläuterte Professor Doktor Heinrich Dreesmann, der 63 Jahre alte langjährige Chefarzt. Eine ehrfurchtgebietende Figur war der renommierte Chirurg, mit weiß gewordenem Vollbart. Eine Schussverletzung auf der rechten Kinnseite, einen Durchschuss durch den rechten Arm, eine Verletzung am rechten Fuß, wahrscheinlich durch Handgranatensplitter, und einen Durchschuss durch die rechte Hand. Vor allem aber einen Steckschuss, der knapp unterhalb der Brust, etwa zwei Zentimeter unter dem Herzen, eindrang, von dort schräg nach unten lief und im Bauch steckengeblieben sei. Letztere Verletzung, so erläuterte Dreesmann, dessen Steckenpferd die Bauchchirurgie war, sei die gefährlichste. Er werde wohl kaum um eine Operation herumkommen. Heitger könne somit keinesfalls, wie es der Herr Gerichtsarzt wünsche, dem Gefängnislazarett, wo keine Chirurgen vorhanden waren, überwiesen werden. Er müsse hier verbleiben.

Zähneknirschend gestand die Polizei es zu, dass Heitger auf die chirurgische Männerstation im zweiten Stock gebracht wurde. Sein Krankenzimmer stand unter ständiger Bewachung. Zwei Beamte blieben direkt neben seinem Bett. Heitger war bei Bewusstsein, verhielt sich aber vollkommen ruhig und ließ seine Aufseher gänzlich unbeachtet. Auf die Fragen der Ärzteschaft gab er jedoch bereitwillig Auskunft und fügte sich deren Anordnungen. Ungläubig schüttelte Dreesmann den Kopf, wenn er aus Heitgers Zimmer wieder herauskam. Konnte sein Patient, der ihm für jede Handreichung dankte, für den Tod so vieler Menschen verantwortlich sein?

Derweil hatte Polizeipräsident Bauknecht für den frühen Nachmittag zur Pressekonferenz ins Kölner Polizeipräsidium geladen. Otto Bauknecht war als durchaus besonnener Mann bekannt. Nun jedoch, im Triumph über die Erfolge der vergangenen Stunden, knöpfte er sich all die Schreiberlinge vor, die ihn und die ihm unterstellten Beamten mit so beißender Kritik überzogen hatten, ihm mangelhafte Ausrüstung und stümperhafte Organisation angekreidet hatten. Dabei galt doch die Kölner Polizeiverwaltung als überaus fortschrittlich. Er erkenne ja an, dass bei der Verhaftung der Verbrecher am Samstagvormittag Fehler gemacht worden seien. Diese Fehler seien aber nicht der Organisation, sondern lediglich dem eigenmächtigen Handeln des Kriminalassistenten Vollmer geschuldet. Vollmer habe ausdrücklichen Befehl gehabt, nur festzustellen, ob es tatsächlich die Gebrüder Heitger und Lindemann waren, und in diesem Falle dann weitere Polizeikräfte zur Verhaftung heranzuziehen. Auch der Abtransport in einem Privatwagen sei ganz gegen die Dienstanweisungen vorgenommen worden.

»Die Kritik über mangelhafte technische Einrichtungen bei der Kriminalpolizei ist durchaus unberechtigt«, redete sich Bauknecht in Rage. »Alle Hilfsmittel sind in vorgeschriebenem Umfange vorhanden.«

»Und weshalb sind dann keine Gasbomben gegen die eingeschlossenen Verbrecher verwandt worden?«, raunte ein Journalist, doch Bauknecht hatte es entweder tatsächlich überhört oder sich dazu entschieden, es nicht gehört zu haben. Stattdessen sprach er seine Anerkennung für die Tätigkeit seiner Beamten und insbesondere der Mordkommission aus. »Und so mager ist das Ergebnis der Tätigkeit der Kölner Polizei ja nun doch nicht, nachdem heute der dritte der Verbrecher zur Strecke gebracht wurde. Es war doch beispielsweise gut, dass die Kölner Kriminalpolizei an ihrem Verdacht festgehalten hat, dass Heitger aus dem Häuserblock zwischen Riehler Wall, Kaiser-Friedrich-Ufer und Oppenheimstraße nicht entkommen war. Eine dauernde Streife hat dieses Häuserdreieck kontrolliert und stand dadurch heute sofort zur Verfügung.«

Bauknecht machte eine kurze Pause.

»In der Presse üben mit ganz verschwindenden Ausnahmen ehrlich strebende Menschen ihren Beruf aus«, meinte er mit kontrollierter Stimme, um dann in erhitztem Ton zu einem großen Aber anzusetzen. Der Polizeipräsident zerpflückte in derart harschem Ton zwei Artikel aus der *Rheinischen Zeitung* und dem *Kölner Stadt-Anzeiger*, dass den versammelten Pressevertretern die Ohren schlackerten. Sie erkannten ihren Bauknecht gar nicht wieder. So könne man vielleicht sehr untergeordnete Polizeiorgane abkanzeln, aber nicht eine Pressekritik abtun, in der, wie von Bauknecht selbst zugegeben, manches Körnchen Wahrheit enthalten war, tuschelten die Pressevertreter untereinander.

Nicht besser wurde es, als der stellvertretende Polizeipräsident, Oberregierungsrat Canditt, das Wort ergriff. Auch ihm hatten die Anstrengungen und die Pressekritik der vergangenen Tage offenkundig reichlich zugesetzt. Bevor ihm aber Aussagen herausrutschen konnten, die ihm nachher womöglich unangenehm gewesen wären, gebot ihm Bauknecht einzuhalten. »Es ist Zeit, die Besprechung abzubrechen«, verkündete er. »Wir möchten rechtzeitig zur Beerdigung des Kriminalassistenten Vollmer, die um vier Uhr beginnt, eintreffen.«

25. Oktober 1928

Tode und Beerdigungen

Durch das überdachte Tor des Mülheimer Friedhofs, gesäumt von Backsteinhäusern in gotischen Formen, strömten am Nachmittag des 25. Oktober ganze Menschenmassen die breite Allee entlang, deren Baumkronen in herbstlichem Rot und Gelb und Braun prangten, hin zur Leichenhalle, die sich im Hintergrund des Friedhofs erhob. Hier, in der Kapelle, lagen die sterblichen Überreste des Polizeibeamten Vollmer unter einem Wall prächtiger Kränze und kostbarer Schleifen aufgebahrt. Auf einer standen die Namen seiner Angehörigen. Frau Clara Vollmer, geborene Bischof. Claire und Else Vollmer, Heinz Vollmer und Aenne Tillwitz. Dazu etliche andere, unter anderem eine mit der Aufschrift: »To a departed gallant colleague from the British Military Police«.

Unter anderem Regierungspräsident Elfgen, Polizeipräsident Bauknecht, Oberregierungsrat Canditt und Kriminaldirektor Bregenzer folgten dem Sarg, der von Kollegen zu dem Grab, links vom Hauptweg, getragen wurde, voran die Kapelle der Kölner Schutzmannschaft. Zudem sah man zahlreiche Angehörige von Kriminal- und Schutzpolizei dem gefallenen Kollegen das letzte Geleit geben. Auch hier ertönte am Grab »Ich hatt' einen Kameraden«, als der Sarg langsam hinabgesenkt wurde.

Der verwildert und verhungert aussehende Heitger hatte im Vinzenzhospital zwar kein Verhör über sich ergehen lassen, wohl aber, als er vom Tode seines Bruders und den Aussagen Lindemanns hörte, einige Auskünfte über all seine Taten gegeben. Sonst hätte ich auch nicht darüber schreiben können.

»Mit mir ist es noch nicht aus«, verkündete er danach. Wahrscheinlich ein Pfeifen im Walde, denn gleichzeitig erbat sich Hans Heitger den Besuch eines katholischen Geistlichen. Röntgenaufnahmen hatten gezeigt, dass die Entfernung der Kugel des Steckschusses in der Bauchgegend unumgänglich sei. Dass dies eine riskante Unternehmung wäre, war allen klar, die auch nur einen kurzen Blick auf Heitger geworfen hatten. Er befand sich in erbärmlichem Zustand. Also kam Pfarrer Löbel vom Pfarrbezirk Sankt Ursula. Heitger schüttete ihm im Flüsterton sein Herz aus, der Geistliche wisperte ebenso leise zurück. Allein ließ die Polizei die beiden nämlich nicht. Was mag Heitger gebeichtet haben? Konnte er alle Toten aufzählen? Linderte die heilige Ölung seine Gewissensnot? Dann wartete er auf die Narkose. Hoffte oder fürchtete er, dass seine Familie, dass seine Mutter noch rechtzeitig an sein Krankenbett geeilt käme? Während er noch seine Wunden in anscheinend größter Gelassenheit betrachtete, scherzte er, auf den Bauchschuss weisend: »Der war wohl nicht mehr nötig, das andere genügte schon!« Kaum verständlich und ohne erkennbaren Zusammenhang sprach er noch, als er langsam das Bewusstsein verlor, etwas von einer Brieftasche und von 4.000 Mark, die auf der Wiese im Park verloren gegangen seien. Gegen sechs Uhr abends empfing ihn der Operationssaal. Professor Dreesmann diagnostizierte Verletzungen an der Leber, Ein- und Ausschussverletzungen am Magen, vier Verletzungen am Dünndarm, eine Verletzung am Dickdarm und mehrere Verletzungen am Gekröse. Er vernähte Heitgers Leib sorgsam. Die Kugel des Steckschusses jedoch ließ sich aufgrund ihrer Lage nicht entfernen.

Heitger wachte nicht mehr auf. Er starb abends um 19 Uhr 50 an Herzschwäche, 24 Jahre alt. Seine Schwestern, die schnell nach Köln geeilt waren, trafen ihn nicht mehr lebend an.

Offiziersanwärter Meiboom lag derweil noch im Marienhospital, wo ihn Oberarzt Dr. Hesse sofort operiert und die Kugel des Stirnschusses aus dem Hinterkopf entfernt hatte. Auch Rudolf Meiboom kam nicht wieder zu Bewusstsein. Am Donnerstagabend, dem 25. Oktober, gegen 21 Uhr, erlag der 21-Jährige seinen Verletzungen. Wieder ritualisiertes Abschiednehmen. Der Trauerfeier am Samstagmorgen im Marienhospital wohnten neben seinem Bruder auch Regierungspräsident Elfgen, Oberregierungsrat Canditt und andere Behördenvertreter bei. Zehn Polizeibeamte der dritten Bereitschaft, der Meiboom angehört hatte, hielten am Sarg die Ehrenwacht. Pfarrer Radecke vom evangelischen Gemeindehaus in der Machabäerstraße sprach in seiner Trauerrede von der Pflichttreue und der Kameradschaftlichkeit des Verstorbenen. Er sei in jugendlichem Alter in Wahrheit ein Opfer seines Berufs geworden. Der Polizeichor sang einen Trauerchoral. Vier Polizeibeamte trugen den Sarg dann in den bereitstehenden Leichenwagen, der sich aufmachte zum Deutzer Bahnhof. Tausende Bürger standen ehrerbietig in den Straßen Spalier, als der Sarg vom Kaiser-Friedrich-Ufer und der Trankgasse über die Hohenzollernbrücke am Kölner Dom und dann zum Deutzer Bahnhof gebracht wurde, von wo ein Zug den Leichnam zurück in seine Heimat brachte. Hier in Wilhelmshaven wurde Meiboom in Anwesenheit seiner Mutter und seines Bruders sowie einer Abordnung der Kölner Polizei beerdigt.

Direktor Oertel war derweil mit seiner Familie samt den Zimmermädchen Käthe und Maria, der Köchin Gertrud und dem Kindermädchen Elisabeth zum Erholungsurlaub in Bad Münster am Stein verreist. Insbesondere die von ihrer Operation ohnehin noch stark angeschlagene Emmy hatte einen schweren Schock erlitten, der den viermonatigen Aufenthalt in einem Sanatorium geboten erscheinen ließ. Hausmeister Oskar Schulz allerdings musste daheimbleiben. Er hatte die Reparaturen in der Villa zu überwachen. Dr. Oertel sollte 1945 sterben. Sein Sohn Fritz Christian fiel im Krieg. Emmy Oertel aber lebte noch lange mit ihrer Tochter, der Psychotherapeutin Charlotte Heubes, in Söcking am Starnberger See.

Indessen traten bei Willi Peters, dem tapferen Verfolger, der in der Merlostraße vom Rad geschossen worden war, Komplikationen auf. Sofort nachdem der als Hausgärtner in Köln-Marienburg angestellte 31-Jährige am Montag ins Marienhospital gebracht worden war, hatten ihn Oberarzt Dr. Esse und Assistenzarzt Dr. Simons operiert. Sie diagnostizierten eine achtfache Verletzung der Darmwände. Unter den besorgten Blicken seiner Betreuer kämpfte Peters um sein Leben, doch es bildete sich ein Abszess, und eine Lungenentzündung trat hinzu. Bis zuletzt war er bei vollem Bewusstsein, doch dann starb Willi Peters am Samstagmorgen, dem 27. Oktober 1928, um 8 Uhr 38. Am Dienstag, dem 30. Oktober 1928, wurde Wilhelm Peters in der Familiengruft zu Melaten bestattet.

Da hatten die Angehörigen der erschossenen Brüder Heitger bereits die Freigabe der Leichen erwirkt und sie nach Essen überführen lassen. Ein großer Teil ihrer Ersparnisse ging dabei drauf. Aber die Mutter in ihrem Krankenbett hatte gebettelt und gedroht: »Erfüllt ihr mir diesen Wunsch nicht, so verzeihe ich das nie!«

29. Oktober 1928

Tote ohne Segen

Nach Einbruch der Dunkelheit wurde Essen, diese Einkaufszentrale des Industriegebiets, am Sonntag, dem 28. Oktober, bei der Eröffnung der Lichtwoche von Millionen Glühbirnen und Hunderten Scheinwerfern hell erleuchtet. Straßen- und Eisenbahnen quollen über. Die Schaulustigen ließen sich selbst von dick prasselndem Regenguss nicht davon abhalten, dieses Schauspiel zu bewundern, und schoben sich unter unzähligen Regenschirmen dicht gedrängt durch die Geschäftsstraßen, sorgten vor besonders Spektakulärem für Stau: vor der Gertrudiskirche, die sich in die Luft zu erheben schien, vor dem von Schlagschatten gezeichneten Rathausturm, vor den in helles Licht getauchten Neubauten an der Burg und dem alten Münster. Prächtige Schaufensterdekorationen und Lichtreklame lockten zum massenproduzierten, erschwinglichen Glück.

Am Tag darauf, Montag, dem 29. Oktober, lagen die Brüder Heitger um acht Uhr morgens aufgebahrt in einer kleinen Friedhofskapelle in Altenessen. Der Friedhof war polizeilich abgesperrt worden. Ihre 47 Jahre alte Mutter hatte eigentlich, durch die Aufregung erkrankt, seit mehreren Wochen im Spital gelegen. Doch Klara Anna Heitger, geborene Hübsche, hatte ihre vorübergehende Entlassung durchgesetzt. Als sie in die Kapelle kam, lagen dort die beiden von ihren Verletzungen gezeichneten Söhne in noch unverschlossenen Särgen.

»Habe ich euch endlich, meine Jungens!«, schrie sie da und brach zusammen. Etwa sechzig Verwandte und Bekannte waren bei dem

Begräbnis anwesend, darunter auch Leute bürgerlicher Kreise, die viele Blumen und Kränze gebracht hatten. Kein Geistlicher hat sie begleitet. Stiefvater Steinmann war zwar beim katholischen Pfarrer von Herz Jesu in Altenessen gewesen. Der kannte die Brüder Heitger von klein auf. Bei ihm waren sie zur Beichte gegangen, er war ihr Seelenhirt. Als Steinmann aber nun bei ihm vorstellig geworden war, hatte er gesagt: »Nein, ich habe meine Vorschriften. Ich darf es nicht.«

»Weshalb denn nicht?«, hatte Steinmann da entsetzt gefragt. »Der Johann hat doch vor seinem Tode gebeichtet und die letzte Ölung empfangen. Seine Sünden sind ihm vor Gott verziehen. Und er ist als Christ gestorben.«

»Ich kann bei der Beerdigung nicht dabei sein.«

Steinmann überlegte. Er war regelmäßiger Kirchgänger und hielt sich für einen guten Christen, wenn auch nicht in fanatischem Ausmaße. Aber seine Frau. Was würde die sagen, wenn ihre Söhne ohne den Segen der Kirche beerdigt würden?

»Können Sie dann nicht wenigstens in der Kirche für das Seelenheil meiner Jungen beten?«

Der Seelsorger wog seine Möglichkeiten ab. »Ich werde eine stille Messe abhalten lassen.«

Da stieg in Steinmann der Ärger auf. Dass sich der Pfarrer weigern würde, auch nur zu beten, konnte er weder verstehen noch akzeptieren. Waren sie nicht trotz allem gute Katholiken? Für wen betete man denn, wenn nicht für die verlorenen Schafe?

»Entweder halten Sie das Hochamt ab oder ich will überhaupt nichts«, sagte Steinmann.

Als der Pfarrer daraufhin ohne Erwiderung allein dem Blick Steinmanns standzuhalten versucht hatte, verließ Steinmann den Raum. So behalf sich die fromme Mutter nun damit, ein Fläschchen mit geweihtem Wasser, das sie mitgebracht hatte, in das Grab ihrer Söhne zu schütten. Unter den Anwesenden herrschte tiefe Erschütterung. Wenn ihn die Polizei in Köln doch nur benachrichtigt hätte, als sich der Hans in der Villa eingeschlossen hatte, dachte Steinmann immer wieder. Er wäre hingefahren, und Hans wäre, ohne ein Wort zu sagen, ihm und der Polizei gefolgt. So ein netter Junge war er doch. In der Nähe stand kopfschüttelnd der Lehrer des Viertels. Er war noch einmal seine Akten durchgegangen und hatte sich die Zeugnisse seiner ehemaligen Schüler angeschaut. Ihre Führung war stets vorzüglich gewesen.

Die Mutter wurde sofort nach dem Leichenbegräbnis ins Krankenhaus zurückgebracht, da sie dem Wahnsinn nahe zu sein schien. Als sie schließlich wieder entlassen wurde, musste sie das Bett hüten. Sie lag im Schlafzimmer, das an die Wohnküche grenzte. Auf dem Tisch neben dem Bett standen ein Kruzifix und Heiligenbilder. Und Fotografien von ihrem Ältesten, Johann. Leider nur aus der Zeitung. Ein Ausschnitt, auf dem er noch lebend zu sehen war. Und dann ein Bild, auf dem er tot war. Sein Gesicht sah ganz streng aus.

Der fünfzigjährige Steinmann sorgte für Ordnung am Grab seiner Stiefsöhne. Einsam lagen sie da, in einem neu erschlossenen Friedhofsfeld. Drei Holzkreuze standen dort. Gestiftet von jemandem, der unbekannt bleiben wollte und auch blieb.

Die Komplizen der Brüder Heitger, Karl Lindemann und Willi Hübsche, hatten sich 1929 vor Gericht zu verantworten. Doch dies ist eine andere Geschichte …

Der schwerverletzte Kölner Oberlandjäger Schmitz erholte sich indes und konnte am 29. Oktober erstmals vernommen werden. Er tat noch in der Bundesrepublik seinen Dienst. Aber dass ihm die Heitgers damals entkommen konnten, hat ihm bis an sein Lebensende schlaflose Nächte bereitet. 1955 trat er, inzwischen Polizeiobermeister, in den Ruhestand. Seiner Hauswirtin Josefine Griess sagte er kurz vor seinem Tod am 10. August 1960 im Alter von 67 Jahren: »Wenn mich die Leute damals nicht gehindert hätten, wären mir die Burschen nicht entkommen.« Und dann: »Ich würde den Kampf, wenn nötig, heute noch einmal aufnehmen!«

Da waren die Brüder Heitger aber bereits fast wieder vergessen. Für kurze Zeit waren sie von einigen Kreisen fast wie amerikanische Outlaws verehrt worden, als Helden der Arbeiterklasse. Ihr Kampf als Klassenkampf. Denn was wisse man denn über die Menschen, die diese Taten begingen? Wieso sie zu Verbrechern wurden?

»Warum wird ein hochintelligenter Mensch, der eine Stadt in Aufregung bringt, dass sie erzittert, der eine Verwegenheit zeigte, wie sie kaum ein Kriminalist kennt, der vielleicht Großes hätte leisten können, zum Mörder?«, hinterfragte die sozialistische Presse die Verhältnisse. »Vielleicht war er ein Arbeitsloser und sprudelte vor Leben und Tatendrang. Und die Gesellschaft hielt ihn für einen unnützen Menschen.«

»Die individuelle Lösung, die Verbissenheit und Wut gegen die Polizei als eine politische Klassenerscheinung ist bei den Gebrüdern Heitger ganz deutlich in Erscheinung getreten«, schrieb ein kommunistischer Reichstagsabgeordneter im *Montagsblatt* in Berlin und ging noch darüber hinaus. »Andererseits bietet der Kampf der Gebrüder Heitger mit der Polizei gewisse Lehren, insbesondere darüber, wie durch eine kleine Anzahl von Menschen, in diesem Falle von Verbrechern, ungeheure polizeiliche beziehungsweise militärische Kräfte gebunden werden können. Die Theoretiker des bewaffneten Aufstandes können zweifellos aus dieser Hetzjagd in Köln ebenso viele Lehren ziehen wie aus dem Hamburger Aufstand. In den Gebrüdern Heitger ist die proletarische Revolution lebendig, nur ist sie nach der individuellen Seite abgedrängt. Die Gebrüder

Heitger sind rheinische Rebellen. Die Heitgers, es waren Kerle. Sie hatten Mut, Entschlossenheit und Tatkraft.«

Im Bernstein seiner Verse konservierte diese politische Interpretation auch der anarchistische Schriftsteller Erich Mühsam in einem im Februar 1929 veröffentlichten Gedicht. Er schrieb den Nachnamen der Verstorbenen nicht, wie er im Geburten- oder Sterberegister auftaucht. Die Brüder Heitger geisterten in vielen Varianten durch die Presse, wurden zunächst vorzugsweise Heidjer, später zumeist Heidger buchstabiert. So halfen sie noch einige Zeit, nicht selten unter falschem Namen gerufen, engagierten Interessen beim Donnern. Bis sich neue Sensationen auf ihre Geschichte häuften. Schießereien, Räubergeschichten und Unruhen. Ein verbrecherisches Regime, dem nicht zuletzt Erich Mühsam zum Opfer fiel – ermordet in Schutzhaft in Oranienburg. Und schließlich ein ganzer Weltkrieg. Die Brüder Heitger gerieten wie ihre Opfer in Vergessenheit.

Erich Mühsam:
Brüder. Dem Andenken der Brüder Heidger

Wer die Welt erschreckt, dem wächst nicht ihr Ruhm.
Denn die Angst hat keinen Gesang, der ehrt,
Wenn niedergetretenes Menschentum
In Wildheit sich bäumend aufbegehrt
Und zur Tat sich bewehrt.

Wen die hassende Not ins Getümmel warf,
Daß die Frommheit verstört auseinanderstob;
Wer sich selber vermaß, was die Macht nur darf.
Den bewaffneten Arm wider alle hob, –
Dem verschließt sich das Lob.

Die Gewalt ist der Satzung Werkzeug und Schutz.
Doch die Satzung ragt, vor das Volk gerammt,
Den Armen zu Trutz und den Reichen zu Nutz
Und lobt, wo der Mut gehorcht – und verdammt,
Wo der Zorn ihn entflammt.

Ihr Brüder, ihr habt, zur Empörung gequält,
An das Notrecht geschundener Kraft geglaubt
Habt ungewogen und ungezählt
Nicht fragend, wem es die Macht erlaubt,
Euern Teil euch geraubt.

Und sie spürten euch auf und setzten euch nach
Mit Wut und mit Angst und mit Rachegeschrei,

Ihr hieltet die Schießenden schießend in Schach
Samt Hunden und Bürgern und Polizei. –
Gegen alle ihr Zwei.

Brave Brüder, ihr hieltet den Häschern stand. –
Der Staat hat euch lebend nicht untergekriegt.
Ihr wehrtet ihn ab mit sterbender Hand,
Und ob ihr jetzt auf dem Schindanger liegt, –
Euch hat keiner besiegt.

Zwar wußtet ihr kaum, welcher Zukunft ihr fielt,
Kanntet kaum das Herz, das euch brüderlich schlug,
Das getreulich dem Bruder die Treue hielt
Und nicht nach Vorschrift gefügig und klug
Jede Unbill ertrug.

Ihr Verbrecher, ihr Räuber, ihr Mörderbrut,
Liebste Brüder, ihr streutet Rebellensaat!
Euerm Leib entfloß aller Geplagten Blut.
Und wider die Satzung zeugt, wider den Staat
Euer Tod – eure Tat!

Zweiter Teil

Der gefährlichste Verbrecher des Ruhrgebiets. Taten und Tod des Willi Hübsche

21. Oktober 1928

Der Gefangene singt

Der Vorhang war über die Geschichte seiner Freunde Hans und Heinz Heitger noch nicht gefallen. Sie waren immer noch lebendig und auf der Flucht, als Karl Lindemann im Verhör stockend, immer wieder durch Tränen unterbrochen, von seinem Leben erzählte. Ein Durchschnittsschüler sei er gewesen. Gelesen habe er zwar gerne. Liebesromane und die Reisebeschreibungen von Karl May. Aber insbesondere das Schreiben sei ihm schwergefallen und falle ihm bis heute schwer. Deshalb habe er auch das Verfertigen der falschen Pässe dem Hans Heitger überlassen. Der sei intelligent und in der Schrift gewandter. Er habe nur die Unterschrift dieses Beamten vom Passbüro nachgeahmt. Vogel hieß der. Nachdem er mit 13 Jahren aus der Volksschule entlassen worden war, hatte er die verschiedensten Berufe ergriffen. Zunächst für drei Mark pro Tag in einem Bergwerksunternehmen in Essen. Es war noch Kriegszeit. Der Vater war sieben Monate abwesend. Aber er, Karl, habe ein Herzleiden gehabt. Deshalb sei das im Bergwerk nicht mehr gegangen. Mit 14 sei er dann bei einem Friseur in die Lehre gegangen, aber auch dort nicht lange geblieben. Vielleicht zwei Jahre. Auf Geheiß seiner Eltern habe er immer den Sonntagsgottesdienst besuchen müssen. Und deshalb sei er dann immer zu spät ins Geschäft gekommen. Das habe stets Unfrieden mit seinem Lehrherrn gegeben, und so trat er schließlich aus. Dann sei er Dachdecker geworden und 1922 zusammen mit einem Freund auf Wanderschaft gegangen. Ein ziemlicher Reinfall sei das gewesen. Schon nach acht Tagen sei er reumütig nach Hause zurückgekehrt, weil er die Entbehrungen und Strapazen nicht mehr aushalten konnte. Er habe dann bei einem Dachdeckermeister in Essen gearbeitet.

»Und die Heitgers …«, versuchten die Beamten ihn langsam zu interessanteren Themen zu bringen.

Den Hans habe er schon so um 1923 kennengelernt. Der wohnte damals zwei Häuser entfernt, in Altenessen. Den jüngeren habe er damals noch kaum beachtet. Mit Hans ging er dann erfolgreicher auf Wanderschaft. Bis nach Bayern zum Walchensee. Dort arbeiteten sie drei Monate in einer Pflanzenkultur. Karl ging danach zu seinen Eltern zurück, während Hans mit einem Hamburger Kollegen weiterwanderte. Er habe darüber auch ein Tagebuch geführt. Der könne schreiben, der Hans. Zu strafbaren Handlungen habe Karl damals jedoch nicht den Mut gehabt. Er habe noch nicht einmal gewagt zu betteln. Zurück in Essen habe er in einem Holzgeschäft gearbeitet, dann auch als Montagehilfsarbeiter und wieder bei einem Dachdeckermeister. Gegen Weihnachten 1923 kam dann auch Hans wieder. Der arbeitete zunächst als Landwirt und später als Reisender einer Zigarrenfabrik.

»Aber seit Weihnachten 1926 habe ich nichts gearbeitet«, sagte Lindemann mit klagender Stimme, »genauso wie Hans und Heinz. Zu dieser Zeit lernte ich auch den Heinz näher kennen. Wir mussten dann unseren Eltern zur Last fallen. Wir waren alle drei arbeitslos. Wir waren geschlaucht. Auch Krankheit kam dazu, die Sache mit dem Herz. Da fängt man schon an zu träumen von einem sorgenfreien, bequemeren Leben. Das hat uns schließlich im Juli 1927 dazu gebracht, einen Raubüberfall auszudenken. Antreiber waren die Heitgers.«

Spätestens jetzt dürfte das professionelle Interesse der Kriminalkommissare Lamprecht und Wendling geweckt gewesen sein. Mal schauen, wie viel der Junge jetzt zugeben würde.

»Eine ihrer Schwestern war noch unmündig. Deshalb wurde ihr Knappschaftsunterstützung gewährt. Daher kam dann die Idee. Hans und Heinz kundschafteten aus und kamen zu dem Ergebnis, dass ein Raub in Byfang, wo die Knappschaftskasse war, günstig sein konnte. Das ist da ja ziemlich einsam. Es wurde ausdrücklich beschlossen, wohl mit der Waffe vorzugehen, aber nicht zu schießen. Die Rentenzahlungen der Knappschaftskasse in Byfang sind immer zwischen dem 1. und 7. geleistet worden. Eine halbe Stunde vor der Tat haben wir ein Automobil in Dortmund gestohlen.«

Die Polizisten hakten nach. Wie denn die Rollen verteilt gewesen waren.

»Heinz musste fahren, ich musste die Tasche entreißen und Hans musste vorspringen und dem Boten die Pistole vorhalten. Ich hatte aber gar nicht nötig, dem Beamten die Tasche zu entreißen. Der Bote war so erschrocken, dass er die Tasche, als er die Pistole vor sich sah, wegwarf. Ich hob sie nur auf und trug sie in den Wagen. Es fiel dann doch noch ein Schuss, und Heitger sagte mir nachher, in der Aufregung sei ihm ein Schuss losgegangen. Wir waren sehr erregt, weil es unsere erste Tat war und wir bisher mit Pistolen nicht umgegangen waren. Es wurden 18.000 Reichsmark erbeutet und zu drei Teilen geteilt. Die Brüder Heitger sind nach der Tat in ihr Elternhaus zurückgekehrt. Um keinen Verdacht zu erregen, habe ich keinem Menschen Geld gegeben, nicht einmal den Eltern.«

»Hattet ihr keine Angst?«

»Passierte ja nichts. Ich betrachtete diesen Fall auch als erledigt, da in den ersten sechs Wochen, wo wir uns zu Hause befanden, kein Verdacht gegen uns aufgetaucht war. Aber dann ging es mit den

Geschäften bergab. Schließlich kam der Ruin, der Zerfall des Transportgeschäftes. Das Geld war aufgezehrt, und da es das erste Mal so geglückt war, kamen wir auf den Gedanken einer zweiten Ausführung. Wir waren sehr oft in Gladbeck gewesen. Die Reichsbanknebenstelle dort liegt in einer Nebenstraße. Da würde man nicht so schnell Aufmerksamkeit erregen und könnte nachher gut entkommen.«

»Wie viele waren denn beteiligt?«

»Die Heitgers und ich und Willi Hübsche.«

Willi Hübsche? Da wird Kriminalkommissar Lamprecht glitzernde Augen bekommen haben. Ein Belastungszeuge!

»Ja, die Hübsches«, höhnte Lindemann. »Die Familie lebt ständig auf großem Fuß, ohne dass gearbeitet wird. Ich selbst habe dem Vater Hübsche gelegentlich einmal unumwunden gesagt, es sei besser, wenn die ganze Familie Hübsche mit Stumpf und Stiel ausgerottet werde.«

»Sie sind sicher, dass Sie Willi Hübsche beschuldigen möchten?«

»Wenn er es doch gewesen ist.«

Lindemann erzählte dann noch von seiner Flucht mit den Heitgers, von ihrem Abstecher über Frankfurt nach Bayern. Aber irgendwann wusste die Polizei vorerst alles, was sie wissen wollte. Das Verhör bog in die Zielgerade. Lindemann setzte zu einer Art Schlussplädoyer an.

»Ich bin ein Opfer meines Leichtsinns und meines Umgangs geworden«, sagte er flehend. »Ich bereue die von mir begangene Tat. Ich bin heute sehr froh, dass ich festgenommen bin, denn ich will nicht leugnen, dass ich bei einem weiteren Verkehr mit den beiden Brüdern Heitger meine Hände auch noch mit Blut hätte beflecken müssen.«

Winter 1928

Gute Vorschläge hinter Gittern

Na grandios, dachte sich Willi Hübsche wohl in seiner Zelle im Gefängnis in der Essener Krawehlstraße und raufte sich, was er angesichts von Stirn- und Wirbelglatze noch an dünnem Haar hatte. Was gab Lindemann zu, was ihm kaum zu beweisen war? Gut, die Sache mit dem Knappschaftssekretär war Privatsache von ihm und den Heitgers. Mochte er da sein Gewissen erleichtern. Aber was fiel dem Lindemann ein auszusagen, dass er, Willi Hübsche, der vierte Beteiligte beim Gladbecker Raub gewesen war? Die Wut wird in Hübsche hochgestiegen sein.

Es war ja nicht Hübsches erster Gefängnisaufenthalt. Beim letzten Mal war er glimpflich davongekommen. Weil er sich im Wortsinn dumm gestellt hatte, wurde er nicht zu einer Zuchthausstrafe, sondern zu einer Therapie verurteilt. In der Heilanstalt Grafenberg, in Düsseldorf, ließ es sich aushalten. Hier war er kein Verbrecher, der bestraft und gebessert werden müsste. Hier galt er als ein Kranker, der Fürsorge und Pflege bedürftig. Es gab keine vergitterten Fenster, keine von hohen Mauern umfassten Innenhöfe. Stattdessen lebte er wie auf einem größeren Bauernhof, auf einem landwirtschaftlichen Anwesen, auf dem er sich fast vollkommen frei bewegen konnte. Und weil Willi Hübsche schlau war und wusste, wie er sich zu verhalten und was er zu sagen hatte, gewährte man ihm schließlich freien Ausgang.

Jetzt hatte man ihn eben wieder einmal hinter Gitter gebracht. Aber was konnte die Polizei ihm nachweisen? Auf frischer Tat ertappt worden war er ja nicht. Alles hing davon ab, ob die anderen dichthielten. Lindemanns Aussage war enttäuschend. Kurz später erwischte es erst den einen, dann den anderen Heitger, durchlöchert von Polizeipistolen. Sehr traurig. Er hatte seine beiden Vettern durchaus gerngehabt. Sie hatten neben ihm gestanden am Grab seiner Mutter. Die hatte am 14. Januar 1926 gerade einem ihrer Söhne das Mittagessen zur Arbeitsstelle bringen wollen, als sie mit nur 55 Jahren auf offener Straße, in der Nähe ihrer Wohnung in der Essener Schlenhofstraße, durch mehrere Revolverschüsse getötet wurde. Von einem etwa ein Meter siebzig großen blonden, bartlosen Mann mit goldenem Zahn im Oberkiefer. Einen schwarzen Schlapphut hatte er getragen, einen schwarzen Flauschmantel, grünen Anzug, schwarze Schuhe und graue Schuhgamaschen. Das war kein Unbekannter. Der gehörte zur Familie. Das war der zwanzig Jahre alte Händler Reinhold Beckmann, verheiratet mit Willi Hübsches Schwester Käthe. Warum er seine Schwiegermutter erschossen hatte, drang nie an die Öffentlichkeit. Es hatte vorher einen kurzen Wortwechsel gegeben. Nur mit Sondergenehmigung hatte Willi aus dem Gefängnis in Bochum raus gedurft, um der Beerdigung seiner Mutter beizuwohnen. Dort stand er, Hans und Heinz Heitger neben sich, und schwor Reinhold Beckmann Rache.

Das hielt niemand für eine leere Drohung. Beckmann hatte sich der Nachstellung entzogen, war zunächst nicht in seine Wohnung in der Oberhausener Straße 68 zurückgekehrt, sondern im Industriegebiet untergetaucht. Als der Regierungspräsident in Düsseldorf 300 Mark auf seine Ergreifung ausgesetzt hatte, verabschiedete er sich mit einem alten Pass über die Grenze nach Frankreich. Aber schon im Februar 1926 kehrte er nach Deutschland zurück und stellte sich nach einer Aussprache mit seinem Vater in Düsseldorf der Polizei. Vier Jahre Gefängnis hatte er bekommen. So schnell würde Willi Hübsche also nicht an ihn herankommen. Zumal, wie es das Schicksal wollte, Beckmann zwar aus der Haft entfloh, aber ausgerechnet, als Willi Hübsche wieder einmal selbst einsaß. Am 20. Juni 1928 brach Beckmann bei einem Transport aus dem Polizeigefängnis Gütersloh aus. Im September 1928 wurde er wieder geschnappt. Ausgerechnet in der Wohnung von Schwiegervater August Hübsche überraschten ihn die Beamten des Raubdezernats, auf dass er den Rest seiner bis zum 16. März 1930 dauernden Haftzeit verbüße.

Willi Hübsche hatte sich ab 1926 immer besser mit Hans Heitger verstanden. Etwas brav war der zunächst. Aber er hatte Potenzial und träumte vom sozialen Aufstieg. Langsam hatte Willi ihm Flöhe ins Ohr gesetzt. Schließlich hatte Hans eingewilligt, einmal mitzukommen. Aber ohne Schießen. Keine Überfälle, nur Diebstähle, wenn die Leute aus dem Haus wären. Die Herrschaften, die dort wohnten, besaßen doch wirklich Geld genug. In Katernberg begleitete Hans Heitger Willi dann auf seinem ersten Einbruch. Und von da ging es so fort. Niemand wäre auf die Idee gekommen, dass der brave Hans irgendetwas Illegales machen könnte. Dabei ließ seine Abneigung gegen Waffen, als er auf den Geschmack gekommen war, rasch nach. Üblicherweise war Willi immer nervös, wenn er nicht allein arbeitete. Aber nicht mit Hans zusammen. Der war immer so ruhig. Selbst als sie begannen, Konsumanstalten zu überfallen. Die Frauen an der Kasse waren dankbare Opfer. Die kümmerte das Geld nicht sonderlich. War ja nicht ihres. Trotzdem musste manchmal geschossen werden. Blieb aber alles folgenlos.

Doch dann kam die Sache mit dem Gladbecker Bankraub. Willi Hübsche hatte keine Ahnung, wer die Polizei auf die Spur gebracht hatte. Und warum die Heitgers unbedingt diesen Polizisten erschießen mussten, nur weil der in der Wohnung aufgetaucht war. Was hatte die Polizei denn gegen sie in der Hand? Und dann diese melodramatische Wildwestshow in Köln. Was hatten die sich dabei gedacht? Dass sie es bis zur mexikanischen Grenze schaffen würden? Aber gut. Zwei Mitwisser weniger.

Willi Hübsches Gedanken kreisten nun um Karl Lindemann. Mit Tod und Beerdigung der Heitgers war der Western vorbei. Für ihn aber würde es auch nach dem Abspann weitergehen. Jetzt würde ein Gerichtskrimi beginnen.

Zunächst schnappte sich Willi Hübsche den Lindemann. Natürlich nicht persönlich. Er selbst war nicht sonderlich kräftig. Aber er verfügte über Beziehungen. Und er wusste, wie es im Gefängnis zuging. Wen man zum Verbündeten haben musste. Ende Februar 1929 wurde Karl Lindemann von Köln ins Gefängnis nach Essen überführt. Er hatte von nun an Tag und Nacht keine Ruhe mehr. Mitteilungen von Hübsche erreichten im Tabak versteckt seine Vertrauten. Verschlüsselte Anweisungen wanderten von Fenster zu Fenster. Lindemann wurde von Mitinsassen bedrängt, dass er nicht ein noch aus wusste. Er werde doch sowieso seine Strafe erhalten, flüsterten sie ihm ein. Da brauche er doch den Hübsche nicht auch noch mit in die Affäre hineinzuziehen. Lindemann solle ihn herauslassen, dann könne man ihm nichts wollen. Lindemann fühlte sich nicht mehr sicher vor seinen Mitgefangenen, ständig bedroht und angefeindet. Schließlich lenkte er ein. Er werde seine Aussage noch einmal überdenken. Im Essener Gerichtsgefängnis wurde kurz darauf ein Kassiber abgefangen, von Karl Lindemann an Willi Hübsche. Darin bat Lindemann um Verzeihung, dass er diesen zu Unrecht belastet habe.

29. April 1929

Schatten des Zweifels

Prunkvoll war es, das Landgerichtsgebäude in der Zweigertstraße in Essen, ein neubarockes Schloss von 1913 mit stolzer Schaufassade. Es versprühte noch elf Jahre nach der unfreiwilligen Abdankung der Hohenzollern den respektheischenden Geist des Kaiserreichs. Im Inneren des Prachtbaus war der Zuhörerraum prall gefüllt, als Landgerichtsdirektor Franke am Montag, dem 29. April 1929, um neun Uhr die Verhandlung gegen die Komplizen der Brüder Heitger vor dem erweiterten Schöffengericht in Essen eröffnete.

So groß das generelle Interesse war, so wenig Überraschendes wurde doch erwartet. Die Geschichte rund um die Heitgers hatte große Presseresonanz gefunden und sich zu großen Teilen in der Öffentlichkeit abgespielt. Karl Lindemann gestand gleich zu Beginn, ganz wie erwartet, seine Beteiligung ein, sagte jedoch aus, gedrängt worden zu sein.

»Ich wusste, dass die Heitger schon lange schmuggelten. Vor der Sache in Byfang sagten sie mir, sie hätten ein Geschäft vor, bei dem für jeden 4.000 bis 5.000 Reichsmark herauskommen könnten. Ich wusste erst nicht, um was es sich handelte, und wollte auch dann nicht mitmachen. Aber sie sagten mir dann im Befehlstone, ich müsse mitmachen, weil sie fürchteten, ich würde, nachdem ich um den Plan wusste, sie hernach verraten, um mir die Belohnung zu verdienen, die doch sicher für die Ermittelung der Täter ausgeschrieben werden würde. Die Tat in Byfang wurde beschlossen, nachdem in der Zeitung angekündigt wurde, dass an einem näherbestimmten Tage in einer näherbezeichneten Gastwirtschaft in Byfang die Knappschaftsgelder ausgezahlt werden sollten. Es wurde dann eine Probefahrt unternommen, um die Örtlichkeiten zu inspizieren. Als der Tag gekommen war, an dem die Knappschaftsgelder ausgezahlt wurden, da drückte man mir eine geladene Pistole in die Hand. Dann schlenderten wir durch die Straßen, um ein Auto zu stehlen, mit dem wir nach Byfang fahren wollten.«

Nach kurzer Schilderung des Tathergangs wurde er gefragt, was mit den geraubten Geldern geschehen sei.

»Die Brüder Heitger haben sich mit einem Teil ein Fuhrgeschäft gegründet. Ich selbst habe nur kleinere Beträge von jeweils 50 oder 100 Mark nach und nach erhalten«, meinte Lindemann.

»Es ist doch auffällig, dass Sie sich mit derart kleinen Beträgen abspeisen ließen«, wandte Franke ein.

»Mir machte das geraubte Geld keinen Spaß mehr, weil ein Mensch bei der Raubtat erschossen worden war.«

Gut, abgehakt. Weiter zum Gladbecker Raub.

»Als das Geld aus dem Byfanger Raub zur Neige gegangen war, hieß es bei den beiden Heitger immer und immer wieder: Es muss Geld beschafft werden. Ich schreckte vor einer weiteren derartigen Tat zurück und dachte immer an den Knappschaftssekretär, der dabei sein Leben lassen musste. Mir wurde erklärt: Du warst damals dabei und du kannst doch jetzt nicht davon wegbleiben. Wenn du nicht willst, sagen wir, du hättest den Küpper erschossen. Ich hatte auch Angst vor den beiden Heitger, denn ich sagte mir, dass ich Gefahr laufen würde, im Falle meiner Weigerung, mich an weiteren Taten zu beteiligen, eines Tages als gefährlicher Mitwisser von den beiden Heitger hinterrücks über den Haufen geschossen zu werden.«

»Aber in Gladbeck waren es doch nicht nur die beiden Heitgers und Sie. Es war noch ein Vierter dabei, oder?«

»Ja«, antwortete Lindemann.

»Und wer war dieser vierte Mann?«

Alle Augen richteten sich auf den Mitangeklagten Willi Hübsche. Der bemühte sich, sein mit etlichen Sommersprossen auf Stirn und Vorderkopf überzogenes Gesicht möglichst ausdruckslos zu lassen. Jetzt unbedingt unschuldig gucken. Hübsche war keine sonderlich imposante Gestalt. Ein Meter 68 groß, von eher schwächlicher Statur, mager, blass. Dazu noch eine Brille auf der Nase. Sah so ein Bankräuber aus? Aber in Willi Hübsche dürfte es rumort haben.

»Herr Lindemann? Wer war der vierte Mann beim Bankraub in Gladbeck?«

»Das möchte ich nicht sagen.«

Ein Tuscheln machte sich breit.

»War nicht Willi Hübsche der vierte Mann?«

Willi Hübsche selbst schüttelte entschieden den Kopf. Karl Lindemann schaute verunsichert im Gerichtssaal umher.

Staatsanwalt Rosenbaum wirkte perplex. Also ergriff der Vorsitzende Franke das Wort.

»Herr Lindemann, wie kamen Sie denn früher dazu, immer den Hübsche als den vierten Mann zu bezeichnen?«

»Früher habe ich das gesagt«, gestand Lindemann mit scheuem Blick zu Hübsche ein, »und ich will auch heute weder behaupten, dass es unwahr, noch dass es richtig ist. Betonen möchte ich nur, dass ich jede Aussage auf diese Frage verweigere.«

»Warum wollen Sie das tun?«, hakte der Vorsitzende Franke bei Lindemann nach. »Sie haben doch früher immer die Absicht geäußert, Ihr Gewissen zu erleichtern, und gestanden deshalb alles ein, was Ihre Person betraf.«

»Es ist möglich, dass der vierte Komplize sich bessert«, antwortete Lindemann, »und ich möchte nicht, dass er dasselbe über sich ergehen lassen muss, was mir blüht. Bessert er sich, dann brauche ich mir keine Vorwürfe zu machen, dass ich ihn mit hereinriss. Bessert er sich nicht, dann wird er der Polizei sowieso noch einmal in die Hände fallen. Jedenfalls will ich mir nicht den Vorwurf machen lassen, ihn verraten zu haben.«

Da sprang ein Mann im Zuschauerraum auf. Lindemanns Vater hatte es nicht mehr auf seinem Platz gehalten. Vor aller Welt flehte er seinen Sohn inständig an, doch vor Gericht zu bestätigen, was er in einer früheren Aussage schon der Polizei zu Protokoll gegeben hatte. Willi Hübsches Blick war angespannt, seine Brille gerahmt von seinen blonden und dünnen kreiselförmigen Augenbrauen.

Karl Lindemann rang merklich mit sich. »Herr Vorsitzender«, seufzte er schließlich, sein Gesicht von tiefer Verzweiflung gezeichnet, »was glauben Sie, was ich für ein Leben im Zuchthaus bekommen werde, wenn mir nachgesagt wird, dass ich den vierten Mann verraten habe?« Leise hörte man Lindemanns alten Vater bei diesen Worten vor sich hinweinen.

Es war 21 Uhr, als die Anklage für Hübsche acht und für Lindemann zwölf Jahre Zuchthaus beantragte. Um 22 Uhr 30 hatten die Verteidiger ihre Plädoyers beendet. Das schien dem Vorsitzenden spät genug, um die Urteilsverkündung auf den nächsten Morgen zu verschieben.

Noch voller als am Vortag war es da. Bis vor die Türen standen dichtgedrängt die Neugierigen. Acht Schutzleute waren abkommandiert, um die Ordnung zu gewährleisten. Alle männlichen Zuschauer durchsuchten sie auf Waffen. Als der Gerichtsvorsitzende anhob, um nach mehrstündiger Beratung das Urteil zu verlesen, herrschte angespannte Stille.

»Der Angeklagte Lindemann wird wegen schweren Raubes, wegen Diebstahls und verbotenen Waffenbesitzes zu einer Gesamtzuchthausstrafe von zwölf Jahren verurteilt«, verkündete er. »Dem Angeklagten werden die bürgerlichen Ehrenrechte auf die Dauer von zehn Jahren abgesprochen. Seine Stellung unter Polizeiaufsicht wird für zulässig erklärt.«

Eine kurze Pause.

»Der Angeklagte Willi Hübsche wird auf Kosten der Staatskasse freigesprochen.«

Durch die Zuschauermenge ging ein Raunen, das sich fast zum Tumult steigerte. Unterdessen wollen viele Beobachter ein fast unmerkliches Lächeln wahrgenommen haben, das sich auf Willi Hübsches feines weißes Gesicht stahl.

»Soweit die Schuldfrage bei dem Angeklagten Lindemann in Frage kommt«, führte der Vorsitzende ins Tuscheln der Menge aus, »ergaben sich für das Gericht keine besonderen Schwierigkeiten. Er hat seine Beteiligung an dem schweren Raub in Byfang eingestanden und auch alle Einzelheiten geschildert. Dasselbe gilt von dem Bankraub in Gladbeck. Mehr Schwierigkeiten erwuchsen dem Gericht bei der Frage nach dem Strafmaß. Da war vor allen Dingen zu erwägen, ob die Möglichkeit bestand, dem Angeklagten die mildernden Umstände zuzubilligen. Das Gericht hat diese Frage verneint. Es ist dabei von folgenden Erwägungen ausgegangen: Bei der Tat in Byfang ist ein Menschenleben vernichtet worden. Die Tat war genau überlegt und sorgfältig vorbereitet worden. Die Täter haben nach einem gemeinschaftlich aufgestellten Plan gehandelt. Sie waren sämtlich mit Waffen ausgerüstet, ein Zeichen, dass sie damit rechneten, von der Waffe Gebrauch machen zu müssen, und dass sie auch tatsächlich die Absicht hatten, wenn erforderlich, von der Waffe Gebrauch zu machen. Das ist denn auch geschehen. Trotz den schweren Folgen dieser Tat ist der Angeklagte bei den Brüdern Heitger geblieben und hat mit ihnen zusammen von den geraubten Geldern gelebt. Ja, die schweren Folgen der Byfanger Tat haben ihn nicht abgehalten, nach Verbrauch der geraubten Gelder sich mit den Brüdern Heitger zu einer weiteren schweren Raubtat zu verbinden, nämlich zu dem Gladbecker Bankraub. Auch dieser Raub war von langer Hand vorbereitet. Er ist mit außerordentlicher Verwegenheit und Kaltblütigkeit durchgeführt worden; und wahrscheinlich ist es nur einer glücklichen Fügung zu verdanken, dass bei dieser Tat kein Menschenleben zugrunde gegangen ist. Es ist dem Angeklagten und den Brüdern Heitger nur darauf angekommen, bei ihren Taten ganz große Geldsummen zu erbeuten. Im Anschluss an den Gladbecker Bankraub ist ein weiteres Todesopfer zu verzeichnen. Der Kriminalsekretär Oßkopp wurde in der Wohnung der Familie Hübsche erschossen. Aber auch diese Tatsache hat noch immer nicht vermocht, den Angeklagten zu veranlassen, seine Beziehungen zu den Brüdern Heitger abzubrechen. Er ist mit ihnen nach Bayern gefahren, hat dort mit ihnen gemeinschaftlich das geraubte Geld am Staffelsee und an anderen Orten verprassen helfen. Aus allen diesen Tatsachen geht zweifelsfrei hervor, dass der Angeklagte nicht, wie er in der Verhandlung behauptet hat, unter Druck und Zwang bei den Brüdern Heitger geblieben ist. Aber es kommt noch folgendes hinzu: In Frankfurt am Main, auf der Reise nach Bayern, hat er sie wochenlang aus den Augen verloren. Es wurde verabredet, sich in München an der Frauenkirche wieder zusammenzufinden. Da bestand für den Angeklagten genügend Möglichkeiten, sich von den Brüdern Heitger zu trennen, wenn er nur gewollt hätte. Anstatt dessen bemühte er sich in der Folgezeit, sie in München zu finden, bis ihm das nach mehrwöchigen Bemühungen auch gelang. Aus alledem erhellt zweifelsfrei, dass der Angeklagte gar nicht die Absicht hatte, sich von den Brüdern Heitger loszumachen. Bei seiner Festnahme in Köln führte er eine Pistole und eine Menge scharfer Munition bei sich. Das beweist, dass er auch zu jeder Zeit von der Schusswaffe Gebrauch gemacht haben würde, wenn es erforderlich gewesen wäre. Alle diese Erwägungen haben dem Gericht die Überzeugung beigebracht, dass bei dem Angeklagten Lindemann die mildernden Umstände durchaus nicht am Platze sind. Bei der Versagung mildernder Umstände ist die gesetzliche Mindeststrafe beim Raub, wenn er mit Hilfe von Waffen ausgeführt ist, fünf Jahre Zuchthaus. Soweit die Byfanger Raubtat in Frage kommt, ist das Gericht der Ansicht gewesen, dass die gesetzliche Mindeststrafe keine ausreichende Sühne darstellt. Es hat daher für diesen Fall auf sechs Jahre Zuchthaus erkannt. Für den Gladbecker Bankraub ist eine Strafe von acht Jahren für erforderlich gehalten worden. Der Diebstahl in München ist, nachdem die mildernden Umstände verneint worden sind, mit der gesetzlichen Mindeststrafe von einem Jahr Zuchthaus und der verbotene Waffenbesitz mit sechs Monaten Gefängnis geahndet worden. Alle diese Einzelstrafen sind auf eine Gesamtstrafe von zwölf Jahren Zuchthaus zusammengezogen worden.«

Der Vorsitzende holte tief Luft und blickte zum anderen Mann auf der Anklagebank.

»Was den Angeklagten Hübsche betrifft, so hat die Urteilsfindung dem Gericht erhebliche Schwierigkeiten bereitet. Bei ihm handelte es sich darum, festzustellen, ob aus den einzelnen Momenten, die sich aus der Verhandlung herausgeschält haben, der Beweis der Beteiligung dieses Angeklagten an dem Gladbecker Bankraub ausreichend erbracht worden ist. Als solche Momente kommen in Frage die Auffindung der dunklen Maske in der Wohnung der Familie Hübsche, die Tatsache, dass der Angeklagte Hübsche nach dem Bankraub flüchtig geworden ist, die großen Geldausgaben, die der Angeklagte für Anschaffung im Hause und für Zechgelage gemacht hat, die erheblichen Vorstrafen des Angeklagten und ferner die belastenden Angaben des Lindemann.

Was die Maske betrifft, so hat der Angeklagte Lindemann behauptet, dass sie bei dem Gladbecker Bankraub nicht verwendet worden ist. Es ist auch festgestellt, dass die Brüder Heitger in der Nacht, die der Tötung des Kriminalsekretärs Oßkopp unmittelbar vorausging, in der Wohnung der Familie Hübsche geschlafen haben. Die Maske ist daher kein untrüglicher Beweis für die Beteiligung des Angeklagten Hübsche an dem Gladbecker Bankraub. Was seine Flucht betrifft, so ist festzustellen, dass Hübsche noch eine Strafe zu verbüßen hatte, sodass eine gewisse Möglichkeit bestand, dass er aus diesem Grunde flüchtig wurde. Die vielen Geldausgaben rechtfertigt der Angeklagte mit seinen Wetten auf den Rennplätzen, die ihm erhebliche Beträge eingebracht haben sollen. Diese Behauptung hat ihm nicht einwandfrei widerlegt werden können. Schließlich erscheint auch die Möglichkeit nicht ausgeschlossen, dass er die Gelder aus anderweitigen strafbaren Handlungen bezogen hat. Was die belastenden Angaben des Lindemann betrifft, so war zu prüfen, ob diese soviel Glaubwürdigkeit beanspruchen können, dass auf ihnen eine Verurteilung des Angeklagten Hübsche aufgebaut werden kann. Das Gericht hat diese Frage verneint. Es hat berücksichtigt, dass Lindemann mit seinen Angaben gewechselt hat. Als die Voruntersuchungen in das für Hübsche entscheidende Schlussstadium trat, da nahm Lindemann seine belastenden Angaben zurück. Viele Umstände sprechen stark dafür, dass die belastenden Angaben des Lindemann richtig sind. In der Verhandlung nahm Lindemann auf einmal den Standpunkt ein, es handle sich um einen vierten Teilnehmer am Gladbecker Bankraube, den er aus bestimmten Gründen nicht nennen wolle und könne. Wenn auch diese Darstellung wenig für sich hat, so ist immerhin die Möglichkeit nicht ganz ausgeschlossen, dass Lindemann diese vierte Person schonen will. Nach Abwägung aller Umstände, die für und gegen eine Beteiligung des Angeklagten Hübsche am Gladbecker Bankraub sprechen, hat das Gericht Bedenken getragen, zu einer Verurteilung zu kommen, weil der Nachweis lückenlos nicht erbracht worden ist. Das Gericht vertritt aber mit Nachdruck den Standpunkt, dass der dringende Verdacht, dass der Angeklagte Hübsche der vierte Täter beim Gladbecker Bankraub ist, nach wie vor bestehen bleibt.«

19. Juni 1929

Die Mühlen des Gesetzes

Ängstlich soll Willi Hübsche die Gesichtszüge von Karl Lindemann abgeschätzt haben, als ein Justizwachtmeister beide aus dem Gerichtssaal in Richtung Gefängnis führte – Karl wegen des soeben erfolgten Urteils, Willi, weil er wegen anderer Sachen noch mehrere Monate Gefängnis zu verbüßen hatte.

»Hast du eine Zigarette für mich?«, fragte Hübsche zaghaft, als sie auf der Treppe des Justizgebäudes angelangt waren. Lindemann schüttelte nur unwillig den Kopf. Skeptisch schätzte Willi Karl mit den Augen ab. Dann trennten sich ihre Wege. Kurz bevor Lindemann seine Gefängniszelle erreichte, murmelte er: »Hätte ich auf meinen Vater gehört, dann brauchte ich nicht die ganze Strafe auf mich zu nehmen.« Bald schloss er sich mit seinem Verteidiger kurz. »Ich soll auf zwölf Jahre ins Zuchthaus und Willi Hübsche, der noch schwerere Sachen auf dem Kerbholz hat, geht leer aus?«, fragte er fassungslos. Das sei doch ein Hohn auf die Gerechtigkeit.

Als die Staatsanwaltschaft Berufung einlegte, zeigte sich Lindemann den Argumenten seines Verteidigers gegenüber wesentlich aufgeschlossener. Zwölf Jahre. Das sei doch nicht nötig. Er solle doch bitte den Anteil Hübsches angeben. Das werde sich gewiss strafmindernd auswirken. Ebenso wie Lindemann zuvor aus Furcht vor Hübsche und seinen Genossen die Aussage verweigert hatte, ließ er sich nun, unter der Versicherung, dass er von Hübsche nichts zu fürchten habe, umstimmen. Im Gefängnis sagte er Anfang Mai offiziell wieder aus, dass Willi Hübsche der vierte Gladbecker Bankräuber war. Diesmal, so versicherte er, werde er auch vor Gericht zu dieser Aussage zu stehen.

Erneut unter immensem öffentlichen Interesse beschäftigte sich Mitte Juni 1929 die Berufungskammer mit der Revision. Vor den Saaltüren drängte sich die Menge. Um unliebsame Überraschungen auszuschließen und einen geregelten Ablauf der Verhandlung zu ermöglichen, standen an den Eingängen abermals Schupobeamte, die alle Besucher gründlich nach Waffen durchsuchten. Dann betraten die Angeklagten den Saal, zuerst Lindemann, in weitem Abstand Hübsche. Die Staatsanwaltschaft erachtete es als vermutlich zentralste Aufgabe, die beiden Angeklagten, die sich nun als erbitterte Gegner gegenüberstanden, voneinander zu separieren. Aber was kümmerte es Hübsche, dass ihn Argusaugen von etwa vierzig Beamten der Schutzpolizei, die im Gerichtssaal verteilt waren, nicht eine Sekunde aus dem Blick ließen? Beständig versuchte er, an Lindemann heranzurücken, wurde wiederholt ermahnt, bis der Vorsitzende, Landgerichtsdirektor Reichling, befahl, dass sich doch bitte ein Schupobeamter zwischen die beiden setzen möge. Schließlich bezogen drei Beamte auf der Anklagebank Position.

Die Verhandlung begann mit der Befragung Hübsches.

»Sind Sie an dem Gladbecker Bankraub beteiligt gewesen, oder was wissen Sie davon?«, fragte der Vorsitzende.

»Ich habe mit der Sache nichts zu tun und weiß auch gar nichts von dem Gladbecker Bankraub«, verkündete Hübsche.

»Haben Sie denn mit den Brüdern Heitger keinen Verkehr gehabt?«, bohrte Reichling nach.

»Nein, höchstens dass ich mit ihnen mal hin und wieder zufällig zusammengetroffen bin.«

Daraufhin wandte sich Reichling an Lindemann. »Wollen Sie die Beteiligung an den Ihnen zur Last gelegten Straftaten eingestehen?«

»Jawohl«, antwortete Lindemann, »ich leugne nichts, aber ich bin der Ansicht, dass ich zu hoch bestraft worden bin.«

»Wer ist denn nun der vierte Täter bei dem Gladbecker Bankraub gewesen?«

»Es ist Willi Hübsche gewesen.«

Erleichterung und Genugtuung machte sich in den Gesichtern der Staatsanwaltschaft breit, während Willi Hübsches Finger nervös auf seinen Knien herumtrommelten. Seine Augen gingen unruhig hin und her, sein Mund presste sich krampfhaft zusammen, während er einen wütenden Blick nach dem anderen auf Lindemann schoss.

Grimmig registrierte Willi, wie ihn der Sachverständige, der Essener Gerichtsarzt Dr. Teudt, als degenerierten und psychopathisch veranlagten Menschen charakterisierte, der jedoch für seine Taten durchaus verantwortlich sei. Wie der Oberarzt der Heilanstalt Grafenberg berichtete, dass Hübsche während seines dortigen Aufenthalts mit staunenswerter Geschicklichkeit jugendliches Irresein simuliert habe und einmal seine ganze Brust mit Glasscherben zerschnitten hatte, um ins Krankenhaus zu kommen.

Zu Hübsches Entlastung waren 24 Gefängnisinsassen geladen, um Auskunft zu geben, was die Angeklagten ihnen hinter den mit Glasscherben bedeckten Mauern des Zuchthauses vielleicht verraten hätten. Etliche der Gefangenen waren nur sehr eingeschränkt auskunftswillig, doch andere erzählten, Lindemann habe ihnen erklärt, wenn er den Hübsche mit hereinreiße, dann werde seine Strafe herabgesetzt werden. Der Eindruck kam auf, dass Hübsche mit viel Erfindungsreichtum und Vehemenz versucht hatte, seine Mitinsassen auf seine Seite zu ziehen.

Der Uhrwarenhändler Hugo Fischer trat in den Zeugenstand. Der sollte bereits im ersten Prozess aussagen, doch dann hatte ihn die Verteidigung plötzlich nirgendwo mehr ausfindig machen können. Er könne Willi Hübsche ein Alibi verschaffen, behauptete er nun. Am Tag des Gladbecker Überfalls habe er ihn auf der Steeler Straße gesehen. Gegen 13 Uhr, gerade als der Überfall vonstattengegangen war, sei Willi in seinen Laden gekommen, um eine Uhr reparieren zu lassen. Seine Aussage endete im Tumult. Fischer erklärte nämlich eingangs mehrmals, nicht vorbestraft zu sein. Das stand im Widerspruch zum Strafauszug, den das Gericht aus Fischers Geburtsstadt Krefeld hatte kommen lassen und der verriet, dass er eben doch schon einmal verurteilt worden war – wegen Bestechung. Von der Zeugenbank weg verhaftete man ihn wegen Meineids und führte ihn ab ins Gefängnis.

»Karl Lindemann hat mir im Verhör kurz nach der Verhaftung gesagt, dass Hübsche der vierte Täter sei«, berichtete dann der aus Köln angereiste Kriminalkommissar Wendling.

»Haben Sie ihm das durch Ihre Gesprächsführung vielleicht suggeriert?«

»Nein, er hat es ganz aus sich selbst heraus getan. Ich habe den Hübsche gar nicht gekannt.«

Kriminalkommissar Lamprecht aus Essen charakterisierte im Zeugenstand Lindemann als willenloses Werkzeug der Brüder Heitger. Von Hübsches Verteidiger Frank nach dem Milieu befragt, in dem Willi Hübsche aufgewachsen sei, antwortete Lamprecht, es sei ein äußerst schlechtes gewesen. August Hübsche, Vater und Familienoberhaupt, protestierte lautstark im Zuschauerbereich und wurde zur Ordnung gerufen.

»Mit mir wird ein Kesseltreiben veranstaltet«, schrie schließlich auch der sonst immer eher leise sprechende Hübsche.

173

Irgendwann ersuchte Rechtsanwalt Frank den Vorsitzenden um eine Verhandlungspause. Er müsse dringend allein mit seinem Klienten sprechen. Gemeinsam verließen sie den Saal und ließen ein Getuschel zurück, bis sie zwanzig Minuten später zurückkehrten.

»Ich habe es für meine Pflicht gehalten, Willi Hübsche mit dem größten Nachdruck auf die gegen ihn sprechenden Momente aufmerksam zu machen und zu versuchen, ihn zu einem Geständnis zu bringen, um seine Lage eventuell zu verbessern«, verkündete er. »Er hat mich aber erneut seiner Unschuld versichert.« Auf einen Schlag wich alle Anspannung aus dem Raum, während Frank nachlegte: »Ich bitte, aus diesem Zwischenfall keine Schlussfolgerungen zu ziehen.«

Schließlich erfolgten die Plädoyers. Während aber Lindemann, wie er so dasaß, mit gepflegtem Äußeren und piekfeiner Kleidung, ein Lächeln auf den Lippen hatte, weil es für ihn doch eigentlich nicht schlimmer werden konnte, kauerte Hübsche mit bleichem Gesicht und sichtlich angegriffen auf seinem Platz.

»Es war während des Prozesses möglich, hinsichtlich des vierten Täters des Gladbecker Raubüberfalls volle Klarheit zu schaffen«, proklamierte Staatsanwaltschaftsrat Quambusch fast schon triumphierend. »Daran ist kein Zweifel möglich. Das Verdienst gebührt der Kriminalpolizei.«

»Meine Herren«, wandte sich Quambusch dann dem Schwurgericht zu, »Sie wissen, dass der Vorderrichter die Strafe für Lindemann von zwölf Jahren Zuchthaus und zehn Jahren Ehrverlust eingehend begründet hat. Lindemann ist verurteilt worden wegen des Raubüberfalls in Gladbeck, des Raubüberfalls in Byfang und des Einbruchs in das Polizeipräsidium München. Lindemann macht auf mich keinen schlechten Eindruck. Es ist nicht das geringste Besondere an ihm. Aber er ist leicht willenlos und lässt sich leicht verführen. 1925 war er erwerbslos. Vielleicht liegt hier der Grund zur Tragödie, die sich hier wiederholt aufgerollt hat. Da, meine Herren, das Leben ohne Arbeit noch mehr Geld kostet als das Leben mit Arbeit, ist er auf die Stufe des Verbrechers gesunken, indem er mit Hans Heitger, einem Mann von außerordentlicher starker Verbrecherenergie, zusammenkam. Er entstammt einer durchaus ehrbaren Familie und kommt aus gutem Milieu. Mildernde Umstände hätten ihm höchstens wegen der ersten Straftat von Byfang gewährt werden können. Aber Mitleid verdient dieser Mann nicht. Der Schutz der Öffentlichkeit muss uns höher stehen. Die Schwere seiner Taten hat er noch nicht begriffen. Er ist von der Reue so weit entfernt wie der Himmel von der Erde. Er empfindet höchstens Unmut über die Folgen seiner Taten. Es ist ein moralisch unreifer, moralisch ungesunder Mensch, der unter dem Druck der langen Zeit der Strafe, die über ihn verhängt werden muss, vielleicht den Weg zur Besserung findet und zu einem vernünftigen Mensch wird. Lindemann ist ein Gelegenheitsverbrecher. Im Gegensatz zu«, und Staatsanwalt Quambusch wies auf die andere Seite der Anklagebank, »Willi Hübsche, der ein Gewohnheitsverbrecher, vielleicht sogar ein raffinierter Berufsverbrecher ist. Der Fall Hübsche liegt hoffnungslos. Hübsche ist für die Menschheit tausendmal gefährlicher als Lindemann. Hübsche sucht das Verbrechen. Wodurch wird er belastet? In erster Linie durch das Geständnis Lindemanns. In zweiter Linie durch eine Reihe von Indizien. Wir Richter und Staatsanwälte haben Bedenken gegen Aussagen von Mittätern. Lindemann verstieß gegen das Gesetz der Verbrecherehre, unter keinen Umständen einen Mitangeklagten zu verraten, weil er in diesen Dingen unerfahren war. Darum zog er sich im Gefängnis den Hass und die Rache sämtlicher Mitgefangenen zu. Lindemann hat schon nach seiner ersten Verhaftung erklärt, dass die beiden Heitger,

Hübsche und er den Bankraub ausgeführt hätten. Wenn nicht die unglückseligen Verhältnisse im Essener Untersuchungsgefängnis mit seinen unglücklichen baulichen Verhältnissen zu verzeichnen wären, wo es möglich ist, dass Hunderte von Gefangenen zu jeder Zeit einen schwunghaften Nachrichtenaustausch ausüben und regen Kurierdienst unterhalten können, wären wir in dieser Sache sehr viel weiter. Dann hätte Lindemann seine Aussage gewiss nicht geändert. Aber ein solcher Hysteriker wie Willi Hübsche ist imstande, ein Gefängnis mit 800 Insassen binnen 24 Stunden in die größte Aufregung zu versetzen. Lindemann hat seine Aussage, Willi Hübsche sei der vierte Täter, nur unter Druck der Mitgefangenen widerrufen. Wenn er nicht gedrängt wird, sagt er die Wahrheit, wie er es gegenüber der Kriminalpolizei tat. Lindemann appellierte an den Gerichtshof und meinte, dieser werde auch ohne sein Zutun die Wahrheit ermitteln können. Er hatte sich getäuscht und musste also den Fehlspruch hören, der Hübsche freisprach. Von seinem Standpunkte aus hat er also mit Recht Berufung eingelegt. Nur ein Dummkopf kann an der Schuld Hübsches zweifeln. Wenn Sie, meine Herren Richter, auch diesmal Hübsche freisprechen, dann wird er abermals sieben Flaschen Kupferberg Gold trinken und diesmal auf die Dummheit der Richter. Der Mann, der sich den Paragrafen 51 vorübergehend verschaffte, indem er die Ärzte täuschte und ihnen Schizophrenie vorspielte, wird sich, wie er es über die Ärzte tat, auch über Sie lustig machen und sagen: Sie waren zu dumm, um mich zu überführen. Mir scheint das einzige Richtige, Hübsche lebenslänglich einzusperren. Er gehört zu den 8.000 Berufsverbrechern, die Deutschland in Atem halten. Ich beantrage gegen Lindemann eine Zuchthausstrafe von neun Jahren und einen Ehrverlust von fünf Jahren. Gegen Hübsche beantrage ich zwölf Jahre Zuchthaus und zehn Jahre Ehrverlust.«

Als der Staatsanwalt dieses Strafmaß beantragte, blieb Willi Hübsche völlig ruhig. Karl Lindemann hatte während des Plädoyers sein Lächeln verloren und war in Tränen ausgebrochen. Zudem brach eine Schwester Hübsches im Zuhörerraum schreiend zusammen und wurde hinausgetragen. So hörte sie nicht, wie Rechtsanwalt Frank zur Verteidigung ihres Bruders sprach.

»Die Worte des Herrn Staatsanwalts, nur ein Narr oder ein Dummkopf könne Hübsche freisprechen, sind mir angesichts der Tatsache, dass ein deutsches Gericht Hübsche freisprach, ungeheuerlich«, begann Frank. »Es ist bisher nicht üblich gewesen, richterliche Urteile in Deutschland solchen Kritiken zu unterwerfen. Es fehlt das letzte Milligramm am Gewicht der Schuld oder Unschuld Hübsches. Hier stehen keine Intelligenzfragen, sondern Gewissensfragen zur Erörterung. Ich wiederhole das abgeleierte Wort: Es ist besser, dass hundert Schuldige frei herumlaufen, als dass ein Unschuldiger verurteilt wird. Ich bin nicht der Ansicht, dass Hübsche unschuldig ist, aber zur Verurteilung langt es nicht. Beim Herrn Staatsanwalt kommt man leicht in den Verdacht, ein Dummkopf zu sein. Ich selbst gehöre seiner Meinung nach zu den Dummköpfen, weil ich an Hübsches Schuld doch etwas zweifle. Im Zeitalter der Humanität ist es, was das Strafmaß anbetrifft, ungeheuerlich, solche Strafen zu verhängen. Der Antrag des Staatsanwalts für Lindemann ist drakonisch. Selten ist wohl vor einem deutschen Gericht in einem solchen Falle ein so hartes Strafmaß beantragt worden. Hübsche ist Lindemann zudem geistig nicht überlegen. Ich halte vielmehr Lindemann für klüger und raffinierter. Hübsche stand vollkommen im Banne seines Vetters Johann Heitger. Wer ist Heitger? Ein großer Abenteurer, aus dem gleichen Holze geschnitzt, wie die großen Genies. Unter dem Schatten dieses Riesen wuchs dieser Unglückswurm auf, der hier vor Ihnen sitzt. Sie waren Vettern. Ist

Hübsche schuldig, dann war die Anstiftung zur Schuld Hans Heitgers Geschoss. Für ihn war Hans Heitger der große Held, wie auch alle Knaben den großen Rechtsverbrecher als Helden ansehen. Die von Herrn Staatsanwalt angeführten angeblichen Indizien sind gar keine Indizien. Es bleibt also nur die Bezichtigung durch Lindemann. Ich beantrage Freispruch meines Klienten Willi Hübsche.«

»Das Ergebnis der Beweisaufnahme muss für meinen Klienten als recht günstig bezeichnet werden«, erklärte Dr. Hinsenkamp, der Verteidiger Lindemanns, in seinem Plädoyer, das wegen fortgeschrittener Stunde auf den nächsten Morgen vertagt worden war. »Lindemann ist in allen Punkten geständig. Er ist mit der Byfanger Raubtat das erste Mal in seinem Leben mit dem Strafgesetzbuch in schwerer Weise in Konflikt gekommen. Und man muss berücksichtigen, dass Lindemann völlig unter der Gewalt und dem faszinierenden Einfluss der Gebrüder Heitger gestanden hat. Er war ihr willenloses Werkzeug. Nach Lage der Dinge bitte ich zu erwägen, soweit Lindemann in Frage kommt, die vom Staatsanwalt beantragte Strafe in Höhe von neun Jahren Zuchthaus herabzumildern.«

»Herr Lindemann«, fragte der Vorsitzende, Landgerichtsdirektor Reichling, abschließend noch einmal. »Es ist jetzt der letzte Augenblick gekommen. Noch ist es für Sie Zeit, ein begangenes Unrecht wieder gut zu machen, wenn Sie den Angeklagten Hübsche wider besseres Wissen als vierten Bankräuber bezeichnet haben sollten. Bedenken Sie die Folgen einer so furchtbaren verbrecherischen Tat. Es hängt von Ihrer Aussage im wesentlichen ab, ob Hübsche auf viele Jahre ins Zuchthaus wandern muss.«

»Ich bleibe dabei«, sagte Lindemann, »dass Willi Hübsche der vierte Mann bei dem Gladbecker Bankraub gewesen ist. Ich würde es nicht fertigbringen, einen Menschen unschuldig ins Zuchthaus zu bringen.«

Daraufhin erhielt Willi Hübsche das letzte Wort, das eine halbe Stunde dauern sollte. Verworren war es und chaotisch, strotzend vor Nebensächlichkeiten und wirren Erklärungen, warum ihn Lindemann belasten könnte.

»Meine Herren Richter«, schloss er endlich mit laut schallender Stimme, den Körper über die Brüstung gebeugt, »ich bin unschuldig. Lindemann hat mich zu Unrecht belastet. Ich erwarte und fordere von Ihnen nur eines, und das ist der Freispruch!«

»Herr Lindemann«, sagte der Vorsitzende da nochmals, »prüfen Sie in dieser letzten Minute Ihr Gewissen! Ein furchtbares Verbrechen ist es, einen anderen Menschen zu Unrecht einer solchen Tat zu beschuldigen. Noch können Sie zurück! Antworten Sie! War Hübsche der vierte Täter oder war er es nicht?«

»Hübsche ist es gewesen«, entgegnete Lindemann. »Ich kann doch keinen anderen Menschen als den vierten Täter anschuldigen, wenn er es war.«

Daraufhin zog sich das Gericht zur Beratung zurück. Die Wartezeit zog sich. Eine Stunde, zwei. Das Publikum harrte geduldig aus. Als dann nach drei Stunden das Klingelzeichen verkündete, dass man sich zu einer Entscheidung durchgerungen habe, strömte alles zurück in den Verhandlungssaal, der schließlich fast aus allen Nähten platzte.

»Das erstinstanzliche Urteil wird aufgehoben. Es werden verurteilt: Der Angeklagte Karl Lindemann wegen schweren Raubes in zwei Fällen und wegen Diebstahls in einem Fall zu einer Zuchthausstrafe von zehn Jahren. Der Angeklagte Hübsche wegen schweren Raubes zu einer Zuchthausstrafe von fünf Jahren. Beiden Angeklagten werden die bürgerlichen Ehrenrechte auf die Dauer von fünf Jahren aberkannt. Bei dem Angeklagten Hübsche wird Polizeiaufsicht für zulässig erklärt.«

»Das Gericht hat keinen Zweifel, dass Hübsche der vierte Mann beim Gladbecker Bankraub war«, erläuterte der Vorsitzende das Urteil vor den bedrückten Gesichtern von Lindemann und Hübsche. »Mildernde Umstände konnten für ihn nicht in Frage kommen. Dagegen sprechen auch schon seine vielen Vorstrafen. Auf der anderen Seite musste das Gericht aber Beteiligung an nur einem Raub berücksichtigen. Das Gericht hat es deshalb bei der gesetzlichen Mindeststrafe von fünf Jahren Zuchthaus, die für schweren Raub bestimmt sind, bewenden lassen. Dabei sind ferner seine persönliche Einstellung, seine mangelhafte Erziehung, das Milieu, in dem er aufwuchs, und sein Verhältnis zu den beiden Heitgers berücksichtigt worden.«

Als er geendet und die Sitzung geschlossen hatte, drängte sich Lindemanns Vater aus dem Zuhörerbereich heraus, eilte auf seinen Sohn zu und umarmte ihn, von den Schupobeamten mehr beaufsichtigt als daran gehindert, über die Brüstung der Anklagebank hinweg, um sich von ihm mit Tränen in den Augen zu verabschieden. Währenddessen waren die lauten Schreie Alma Beckmanns zu hören, der Braut Willi Hübsches, die zusammengebrochen war und nun von Justizbeamten aus dem Saal getragen wurde. Jeweils zwei Gefängnisbeamte nahmen zunächst Willi Hübsche, dann Karl Lindemann in Empfang, um sie abzuführen. Karl Lindemann saß bis zum 24. Oktober 1938 in der Strafanstalt Werl, überlebte den Zweiten Weltkrieg und führte danach, so heißt es in vagen Nachkriegsberichten, noch lange ein unbescholtenes Leben im Ruhrgebiet. Dabei möchte ich es belassen. Willi Hübsche aber kam in die Strafanstalt Münster. Bei ihm sollte es nicht der letzte Konflikt mit dem Gesetz sein.

10. August 1934

Auf freiem Fuß in neuer Welt

»Hübsche ist ein schizoider Psychopath«, schimpfte die Strafanstalt Münster über ihren Häftling. »Aus dieser Veranlagung heraus erklären sich zum Teil auch einige Zusammenstöße mit Beamten in der ersten Zeit seiner Strafverbüßung.« Was kümmerte das die Welt da draußen? Die hatte genug mit sich selbst zu tun. Nur wenige Monate nach Hübsches Verurteilung, am sogenannten Schwarzen Freitag im Oktober 1929, war die weltweite Wirtschaft zusammengebrochen. Dann schien Deutschland nur noch mit Notverordnungen des Reichspräsidenten Hindenburg regierbar zu sein. Die Arbeitslosigkeit stieg, ebenso die Unzufriedenheit allenthalben. 1933 kamen die Nationalsozialisten an die Macht. Der Charakter des gesamten Staates änderte sich. Ins Gefängnis kamen zunehmend politische Häftlinge. Gerüchte kursierten über bislang ungekannte Arten peinlicher Befragung, von körperlicher und seelischer Folter. Als verschärfte Vernehmung galt es, wenn Erschießungen simuliert oder Menschen misshandelt wurden. Alles noch inoffiziell. Die früher geltenden Spielregeln verloren an Bedeutung. Am 10. August 1934 kam Willi Hübsche wieder auf freien Fuß. Er hatte schon zuvor freizukommen gehofft. Die Strafanstalt hatte ihm schließlich attestiert, dass er sich die letzten Jahre sehr zusammengenommen habe. Er habe sich große Mühe gegeben, seine Aufregung niederzuhalten, und arbeite zur Zufriedenheit. Wegen der Gemeingefährlichkeit seiner begangenen Verbrechen und in Anbetracht der zahlreichen Vorstrafen lehnte das Gericht einen Gnadenerweis ab.

Als Willi Hübsche schließlich vor die Gefängnismauern in Münster trat, hatte sich die Welt bis zur Unkenntlichkeit schwindelig gedreht. Ein paar Tage zuvor war Paul von Hindenburg gestorben. Tausende strömten zum Tannenberg-Nationaldenkmal, um mit entblößten Häuptern am Sarg des Reichspräsidenten vorbeizuziehen. Indessen übernahm Reichskanzler Adolf Hitler auch dessen Aufgabenbereich. Das alles interessierte Willi Hübsche wohl wenig. Wohin sollte sich der 31-Jährige wenden? Er ging zu seiner Familie, seinen Brüdern und seinen Schwestern. Auch hier hatte sich die Welt weitergedreht. Alle seine Angehörigen hatten sich auseinandergelebt.

Das konnte Willi teilweise verstehen. Er selbst hatte ja auch keine sonderliche Lust, seine Schwester Käthe zu treffen, schließlich war sie immer noch mit Reinhold Beckmann verheiratet, dem Mörder ihrer Mutter. Immerhin, sein Bruder Anton suchte den Kontakt. Er hatte den älteren Willi immer bewundert. Nun wich er kaum mehr von seiner Nähe. Nahm ihn mit zu ihrer Cousine Erna Kuckartz. Er sei etwas in sie verliebt, gab Anton Willi gegenüber zu. Willi fand sie auch ganz charmant. Und registrierte mit Genugtuung, dass sie sich in erotischer Hinsicht wenig aus Anton zu machen schien, dafür aber umso mehr aus dem frisch aus der Haft entlassenen Willi. Der war Damenbekanntschaften nicht abgeneigt.

Er besuchte auch Alma Beckmann, die Tänzerin, mit der er ein Verhältnis gehabt hatte, als er wegen der Sache in Gladbeck verhaftet worden war. Ob sie ihn damals bei der Kriminalpolizei angezeigt hatte? Aber andererseits, was hatte sie schon gewusst?

Sie habe ihn damals nicht der Polizei verraten, versicherte ihm Alma, inzwischen 24 Jahre alt. Sie war an einer weiteren Beziehung wenig interessiert. Bevor er ins Gefängnis gegangen war, hatte er getönt, er habe für die Zeit nach seiner Entlassung vorgesorgt. Von diesem versteckten Piratenschatz war nichts zu sehen. Hübsche lieh sich sogar Geld von ihr. Was sollte sie mit einem Habenichts? So blieb es bei sporadischen Treffen. Willi machte von Mal zu Mal einen verstörteren Eindruck. Immer war er auf dem Sprung, hatte immer noch etwas in der Stadt zu erledigen, in Essen oder in Bochum. Beim letzten Treffen jedoch sagte Willi zu ihr: »Du wirst in Essen etwas hören, darüber wirst du sprachlos sein.«

Und auch ins Gespräch mit Anton Hübsche vertieft sah man ihn jetzt häufig. Mit sorgenvollem Gesicht hörte Anton zu und redete auch auf Willi ein. Willi sprach in beruhigendem Ton weiter. Es sei doch nichts dabei. Er mache die Arbeit. Er brauche nur jemanden, der Schmiere steht. Und schließlich, als Anton einmal aus Liebeskummer zu tief ins Glas geschaut und Willi ihm wunderbare Möglichkeiten versprochen hatte, gingen beide gemeinsam weg.

16. September 1934

Fußspuren hinter der Palme

Als Verleger Friedrich Klagges, Vorsitzender des Katholischen Kaufmännischen Vereins und Mitbesitzer der *Westfälischen Volkszeitung* sowie der Märkischen Vereinsdruckerei Schürmann & Klagges in der Mühlenstraße 12, mit seiner Gattin am Sonntag, dem 16. September 1934, abends gegen 23 Uhr ins Einfamilienhaus in der Burggrafenstraße 2, in der Nähe des Bochumer Stadtparks, zurückkam, ließ sich die Haustür nicht öffnen. Zunächst dachten sie sich nichts dabei. Kurz vor Mitternacht noch einen Schlosser zu organisieren, gestaltete sich schwierig. Einfacher war es, sich bei Verwandten einzuquartieren. Am nächsten Morgen kamen sie in Begleitung fachmännischer Hilfe zurück. Über die Rückseite des Hauses bahnten sie sich einen Weg und mussten entdecken, dass in der Haustür von innen der Zweitschlüssel das Schloss blockierte. Sie waren etwas verwundert und überlegten, ob sie wohl aus irgendwelchen nicht mehr erinnerlichen Gründen den Schlüssel ins Schloss gesteckt und ihn dann dort vergessen hatten – aber warum war abgeschlossen? Dann kamen sie in die erste Etage. Hier herrschte Chaos. Alles war durchwühlt. Artistische Fassadenkletterer waren über die Dachrinne hinter dem Haus zu einem offenstehenden Fenster im ersten Stock gelangt. Es fehlten 500 Reichsmark in Fünfzigmarkscheinen, dazu etwa dreißig Reichsmark in Silbergeld, außerdem verschiedene Schmucksachen von erheblichem

Wert: eine Lorgnette mit langer Silberkette, eine Brille mit Goldeinfassung, mehrere Silbermedaillen, ein silberner Bleistift, eine goldene Damenarmbanduhr mit Armband, eine Brosche mit Frauenkopf, eine goldene Filigran-Halskette mit Filigran-Anhänger, eine Sparbüchse mit Inhalt. Und ein Revolver.

Fußspuren hinter einem Palmenbottich legten nahe, dass der Versuch des Ehepaares Klagges, die Tür zu öffnen, nicht unbemerkt geblieben war. Wer weiß, was geschehen wäre, hätten sie das Türschloss doch irgendwie überlistet.

Am Abend lud Willi Hübsche nach Schließung der Buden auf dem Kirmesplatz in Bochum, wo vier Vettern und Basen arbeiteten, in einem Lokal zu einem Zechgelage ein. Die Gesamtrechnung türmte sich zu 100 Reichsmark, die Willi Hübsche zahlte, ohne mit der Wimper zu zucken. »Mensch Willi, wo hast du denn das Geld her?«, wollte da einer der Verwandten wissen. Seine Geschäfte nämlich gingen schlecht. Während des Abends hatte er seine Meinung mehr als angedeutet, dass man das Geld für die teuren Getränke auch wesentlich nützlicher hätte anlegen können. Willi war doch gerade erst aus der Haft entlassen und ohne Anstellung. Willi jedoch winkte ab. »Die paar Mark!« Und wo er schon einmal dabei war, brüstete er sich: »Ich habe noch 300 Mark in der Tasche, aber die will ich jetzt noch nicht anbrechen.« Skeptische Blicke trafen ihn, die er ignorierte. Im Gespräch mit den Frauen, allen voran Erna, versprach er vollmundig, morgen werde er mit ihnen allen einkaufen gehen.

22. September 1934

Die Früchte körperlicher Ertüchtigung

Der Abend brach an. Frau Heitkamp war allein in ihrem Einfamilienhaus in der ruhigen Ostermannstraße in Bochum, Hausnummer 5, etwas südlich vom Rechener Park. Es war Samstag, und sie machte sich zum Fortgehen bereit. Da schellte es an der Haustür. Frau Heitkamp dürfte etwas gegrummelt haben wie: »Dafür habe ich jetzt keine Zeit!« Sie musste ja nun einmal gleich los und erwartete auch niemanden. Sie warf einen hastigen Blick durch das kleine Fenster in der Haustür und sah einen abgetragenen Herrenhut vor der Tür warten. Nein, dem und dem Kerl darunter würde sie nicht öffnen. Und kurze Zeit später war der Hut dann auch verschwunden. Das konnte ja wohl nichts Wichtiges gewesen sein.

Als sie dann gegen 18 Uhr 30 auf die Straße trat, fiel ihr ein Mann auf. Der drehte sein Gesicht so komisch weg, ließ dabei aber die Haustür nicht aus den Augen. Und tauschte er nicht Blicke mit einem zweiten Mann, der ganz in der Nähe stand? Ach was. Das bildete sie sich ein.

Gegen 19 Uhr war es, als Geschäftsführer Heinrich Heitkamp in sein Heim zurückkehrte, mit ihm seine beiden Söhne: Walter, der gerade in Kiel Medizin studierte, und der Schüler Paul. Die Schlüssel klirrten im Schloss, die Tür öffnete sich und fiel dann schwer zurück in den Rahmen. Heinrich Heitkamp hatte die Sehnsucht nach einer abendlichen Zigarre gepackt. Seinen Vorrat im Wohnzimmer fand er allerdings erschöpft. Nun ja, oben hatte er noch welche. Während seine Söhne im Erdgeschoss blieben, machte sich der Sechzigjährige in die erste Etage auf.

Dort warf Willi Hübsche seinem Bruder Anton einen Blick zu. Eigentlich hatten sie nach hinten aus dem Fenster springen wollen. Nun schauten die Söhne aber dort nach draußen und könnten ihnen allzu leicht den Weg abschneiden. Sie hörten, wie der Vater von vorne langsam die Treppe emporstieg. Willi entsicherte seine Waffe.

Heinrich Heitkamp stand unversehens vor einem unbekannten Mann. Ein junger Bursche, etwa zwanzig Jahre alt – soweit er das beurteilen konnte, denn der Kerl strahlte ihm direkt ins Gesicht.

»Hände hoch, oder ich schieße!«, zischte der Eindringling mit verhaltener Stimme. Im nächsten Augenblick tauchte auch schon ein zweiter Mann auf, wohl etwa gleich alt, aber das war so schwer zu erkennen mit Taschenlampe in den Augen. Heitkamp blieb stehen. Die beiden Einbrecher huschten auf leisen Sohlen an ihm vorbei, beschleunigten und rannten die Treppe hinunter.

»Walter«, schrie Heinrich Heitkamp, als sie fast die Hälfte geschafft hatten. »Hier sind Spitzbuben!«

Seine Söhne kamen aus dem Wohnzimmer angerannt, schnitten den Einbrechern auf der Treppe den Fluchtweg zur Haustür ab. Doch einer der Einbrecher hob die Hand. Ein Revolver nahm Paul Heitkamp ins Visier. Der Unbekannte drückte den Abzug. Ein Knall. Der 16-Jährige sprang so erschrocken wie reaktionsschnell beiseite. Er war ein guter Sportler, hatte sich als Dreikämpfer im Verein T.G. Bochum-Ehrenfeld hervorgetan. Wahrscheinlich rettete ihm das das Leben. Der Schuss pfiff jedenfalls knapp an ihm vorbei. Danach rempelten sich die beiden Einbrecher ihren Weg über ihn hinweg.

Als sich Paul Heitkamp, unterstützt von Bruder und Vater, vom Boden aufrappelte, sah er nur noch, wie die Ganoven aus der Haustür hinaushasteten. Kurz später kam Frau Heitkamp nach Hause. Als sie die Polizei sah und hörte, was geschehen war, schlug sie die Hände überm Kopf zusammen. »Der Mann an der Tür!«

23. September 1934

Preins Kleidungsstücke

Willi Hübsche traf sich tags darauf, am Sonntag, dem 23. September, am Essener Hauptbahnhof mit Anton.

»Hier lang«, bedeutete er ihm. Da stand ein Bekannter Willis, der sie mit seinem Auto nach Dortmund fuhr. In einer stillen Seitenstraße hielten sie.

»Bleib hier und pass auf!«, sagte Willi zu seinem Bruder und verschwand mit seinem Bekannten. Kurze Zeit später kamen sie mit vollen Taschen wieder.

Abends kehrte die Familie des Fabrikbesitzers Wilhelm Prein in ihr Haus in der Eintrachtstraße 76 in Dortmund zurück und erblickte ein wüstes Durcheinander. Einbrecher hatten auf der Rückseite des Hauses einen Rollladen hochgehoben und die Fensterscheibe dahinter eingedrückt. Drinnen waren alle Behältnisse aufgebrochen, alle Schränke und Schubladen durcheinandergeworfen. Die Polizei kam sofort. Es war nicht leicht, wieder Ordnung in das Chaos zu bringen. Schließlich jedoch meldete die Familie, dass wertvolle Uhren, Schmucksachen der verschiedensten Art, eine Münzsammlung, Erbstücke und sogar Kleidungsstücke fehlten. Der Gesamtwert wurde auf über 2.000 Reichsmark taxiert.

30. September 1934

Krahns Ehe

Die Verlobung seiner jüngsten Tochter Ursula mit Franz Krahn hatte der verwitwete Kaufmann Felix Vogel aus Castrop-Rauxel, Wittener Straße 103, am 5. September 1933 per Zeitungsannonce bekanntgegeben. Da wohnte Franz Krahn noch in der elterlichen Wohnung in der Dortmunder Petrystraße 15 bei seiner gleichfalls verwitweten Mutter. Doch nach der Hochzeit am 7. August 1934 zog das Paar zusammen, gleich um die Ecke, in die Bovermannstraße 19, erste Straße vom Westfalendamm rechts. Begehrte Wohngegend in der Dortmunder Gartenstadt. Das Geld war da. Franz Krahn war zwar noch jung, geboren am 21. Oktober 1905 in Dortmund und somit noch keine dreißig Jahre alt, hatte jedoch das väterliche Geschäft übernommen, nachdem Franz Krahn senior am 10. Juni 1932 plötzlich und unerwartet im 61. Lebensjahr verstorben war. »Nach kurzer Krankheit«, hieß es in der Traueranzeige, aber tatsächlich hatte ihn ein Schuss aus dem eigenen Jagdgewehr erwischt. Nun war Franz Krahn junior Mitinhaber der bekannten Kohlengroßhandlung Kux und Krahn.

Keine zwei Monate nach der Vermählung, es war Samstag, der 30. September 1934, fuhren Franz Krahn und seine 19 Jahre alte Gattin gemeinsam mit der Straßenbahn heim, schlenderten von der Haltestelle zum Haus, in dessen erster Etage sie Wohnung bezogen hatten.

Willi und Anton Hübsche waren in der Wohnung. Sie hatten sich dem Haus von hinten genähert, waren über den Zaun geklettert und durch ein Fenster eingestiegen. Alle Behältnisse hatte Willi auf der Suche nach Geld und Schmucksachen durchwühlt und aufgebrochen, als Anton aufgeregt meldete, dass das Ehepaar Krahn zurückkomme. Da war es schon zu spät für eine Flucht. Vom Balkon herunterspringen ging nicht. Zu hoch. Zum Klettern reichte die Zeit nicht. Also bedeutete Willi seinem Bruder, es ihm nachzutun und seine Gesichtsmaske aufzuziehen. Noch bevor unten die Haustür aufging, hatte sich Willi aus der Wohnung geschlichen und ein paar Treppenstufen höher postiert. Die Treppenbeleuchtung ging an. Er hörte das Ehepaar miteinander tuscheln.

»Hast du das gehört?«, fragte Ursula ihren Ehemann, als dieser die Haustür aufgeschlossen hatte. Franz lauschte, hörte aber nichts.

»Da war ein Geräusch, ganz sicher«, flüsterte seine Frau. »Da ist was los!«

»Ich schaue mal nach«, sagte der Großkaufmann mit beruhigender Stimme und sprang die Treppe empor, die Schlüssel in der Hand, von ängstlichen Blicken seiner Gattin begleitet.

Noch nicht ganz oben angekommen, bemerkte Franz Krahn, dass in seiner Wohnung Wertsachen mitnahmebereit aufgehäuft lagen, vorwiegend Kleider und Wäsche. Als er sich zu seiner Frau umdrehen wollte, erblickte er den maskierten Mann auf der Treppe und machte eine Bewegung, als wolle er auf ihn losgehen. Da fiel auch schon ein Schuss. Krahn spürte einen Schmerz im Bein, wo sich eine Kugel festsetzte. Noch ein Knall. Die Kugel drang durch sein Ohr, die Mundhöhle und den Kiefer. Franz Krahn fiel, rutschte ein paar Treppenstufen hinunter und blieb auf dem Gesicht liegen. Ursula Krahn schrie, rannte aus dem Haus und rief laut um Hilfe. Währenddessen fiel noch ein Schuss.

Willi Hübsche beugte sich über Franz Krahn, suchte den leblosen Körper ab und schnappte sich die in der Gesäßtasche verstaute

Geldbörse. Willis Bein durchzuckte ein pochender Schmerz, doch vor lauter Adrenalin dürfte das nur gedämpft in sein Bewusstsein gelangt sein. Der Weg nach vorne war abgeschnitten. Zu viel Aufmerksamkeit. Eine deutliche Blutspur zeichnete seinen Fluchtweg nach: die Treppe hinunter, in den Hof und über den Zaun. Abgesehen von der Geldbörse erbeuteten sie lediglich ein Paar goldener Manschettenknöpfe, Wert so um die 135 Reichsmark, und einen Weinzipfel, den Willi in einer Aktentasche gefunden hatte.

»Ich glaube, der Mann ist tot«, keuchte ihm Anton zu, als sie davonliefen, Entsetzen in den Augen.

»Ach was!«, wiegelte Willi ab. Er dürfte es eigentlich besser gewusst haben. Aber er musste sich aufs Rennen konzentrieren.

»Was machen wir jetzt!«

Willis Bein war voller Blut. Er humpelte.

»Willi! Sollen wir eine Taxe nehmen?«

Aber woher? Erst einmal Richtung Straßenbahn. Am Bahnübergang schleuderte Willi die goldenen Manschettenknöpfe weg. Zu persönlich. Willis Schuhe waren voller Blut. Die Brüder gingen auf die vordere Straßenbahnplattform und fuhren bis zum Hauptbahnhof. Dort warfen sie auch den Weinzipfel fort. Sie holten sich Fahrkarten dritter Klasse. Im Zug aber entschied Willi, in die zweite Klasse zu wechseln. Da könne man das Licht abblenden. Außerdem müsse er sich da an einem Trinkwasserbrunnen waschen, erklärte er unwirsch. Er spürte, wie sein Bein durch das Sitzen steif wurde. Und gleich müsste er auch noch zum Kirmesplatz in Essen gehen, wo er sich mit Erna Kuckartz verabredet hatte, um in der Öffentlichkeit gesehen zu werden und sich so wenigstens den Hauch eines Alibis zu schaffen.

Ein rundlicher Mann war Kriminalkommissar Adolf Rehfeld, seit Dezember 1932 Leiter der Mordkommission, kurze Haare um die sich schnell lichtende Stirnglatze. Er wohnte in der Göringstraße, ehemalige Stresemannstraße, Hausnummer 85. Als er in der Bovermannstraße eintraf, waren die Überfallkommandos Nord und Süd bereits vor Ort und hatten das Haus samt umliegendem Gelände abgesperrt.

Im Treppenhaus erblickte Rehfeld die auf den Stufen liegende Leiche. Franz Krahn. Tödlich war wohl der letzte der abgegebenen Schüsse. Krahn hatte schon am Boden gelegen, als er einen senkrecht nach unten abgefeuerten Schuss in den Nacken verpasst bekam, der das Halsmark und den zweiten Nackenwirbel zerstörte und schnell den Tod herbeiführte. Dass es ein Nahschuss war, verriet der Brandsaum an der Einschussöffnung. Die Kugel war in den Fußboden gefahren. Tatwaffe Kaliber 7,65.

Rehfeld ging durch die offene Wohnungstür. Überall waren Schubfächer und Schränke aufgerissen. Ihr Inhalt lag zerstreut in den Zimmern. Eine Blutspur führte vom Tatort durch den Garten und dann über den Stacheldrahtzaun. Mindestens einer der Verbrecher hatte also nicht unerhebliche Verletzungen davongetragen – eventuell durch Splitter einer Glasscheibe, wahrscheinlicher aber durch ein verirrtes Geschoss. Es fanden sich nämlich bei fünf Patronenhülsen nur vier Kugeln. Drei hatten Krahn getroffen. Die vierte Kugel steckte als Querschläger in einer oberhalb der Wohnungstür liegenden Treppenstufe.

Vermutlich hatte man zudem ein Kraftfahrzeug in der Nähe des Tatorts geparkt, um damit zu flüchten und die erhoffte Beute abzutransportieren. Der Polizeisuchhund jedenfalls konnte zwar die Spur der flüchtenden Täter bis zur Kullrichstraße verfolgen, doch dort hörte die Spur anscheinend abrupt auf. Dafür fand sich ein grauer Filzhut, den die Verbrecher womöglich auf der Flucht verloren hatten. Rehfeld betrachtete den leichten, ziemlich weichen, ungefütterten Haarfilzhut, mittelgrau mit schwarzem Ripsband, Längsschnitt, vorne scharf eingeknifft, hinten leicht nach oben. Im Schweißleder war der Firmenname eingedruckt. »Reichenbach«, las Rehfeld.

Steckbriefe flatterten in Straßen und Zeitungen. Radiomeldungen verkündeten, dass der Regierungspräsident in Arnsberg auf die Ergreifung des oder der Täter eine Belohnung von 1.000 Mark ausgesetzt habe. Die Jagd war eröffnet.

Am Dienstag, dem 2. Oktober 1933, gab Ursula Krahn, geborene Vogel, abermals eine Zeitungsannonce auf. »Gottes unerforschlicher Wille nahm am Samstagabend kurz vor 9 Uhr meinen innigstgeliebten Mann, unsern guten Sohn und Schwiegersohn, unsern lieben Bruder, Schwager, Enkel und Neffen Franz Krahn im blühenden Alter von 28 Jahren zu sich in die Ewigkeit«, war etwa in der *Dortmunder Zeitung* zu lesen. »Durch Schüsse feiger Mörder wurde seine erst achtwöchentliche, glückliche Ehe jäh zerstört.«

An diesem Abend fand Lina Kronenberg in den Straßenbahnschienen unmittelbar vor dem Dortmunder Hauptbahnhof einen Weinzipfel. Als sie ihn näher betrachtete, entdeckte sie eine Gravur: »Krahn«. Aufgeregt rannte sie mit ihrem Fund zur Bahnhofswache.

2. Oktober 1934

Die Kugel im Fleisch

Willi Hübsche stand am Abend des 29. September plötzlich vor der Tür seiner Schwester Ottilie, gestützt auf seinen kleinen Bruder Anton, das Bein voller Blut. Umgehend leistete sie ihm Erste Hilfe, verband ihn und wusch seine Kleidung aus. Später kam auch Erna Kuckartz, ihre 22-jährige Base. Willi war mit ihr für 22 Uhr 30 auf dem Zirkusplatz in Essen verabredet gewesen. Statt seiner kam nur Anton Hübsche, der ihr erzählte, Willi sei mit einigen Männern aneinandergeraten und habe eine Schlägerei gehabt. Er sei verletzt, aber nicht ernst. Als Erna Kuckartz in der Wohnung Ottilies auf ihren Vetter traf, bleich und abgehetzt, fragte sie ihn, was denn los sei mit ihm.

»Bin angeschossen worden«, stöhnte Willi, schlug ein um seine Wade gewickeltes Handtuch auf und zeigte ihr eine imposante Wunde. Erna schlug die Hände vor den Mund.

»Willi!«, rief sie. »Willst du denn damit nicht zum Arzt gehen?«

»Ja, mache ich morgen«, war die Antwort. Sie warf noch einen kritischen Blick auf die Wunde. So wie die aussah, schien ihr die Geschichte, die Willi erzählte, nicht sonderlich glaubwürdig. Der Schusskanal war doch ganz falsch.

Willi ließ sich von seiner Schwester alles bringen, was er brauchte. Verbandszeug. Ein spitzes Messer. Und reinen Alkohol. Dann gebot er allen, gefälligst aus dem Zimmer zu gehen. Allein im Raum, biss er die Zähne zusammen, schnitt sich die Wunde auf und holte die Kugel aus seinem Bein. Da war das verflixte Ding. Er verband sich, zog sich an und humpelte dann, wahrscheinlich jeden einzelnen Schritt verfluchend, zum nahen Kanal. In diesen warf er das Beweisstück hinein. Seine blutgetränkten Schuhe verbrannte er.

Als Erna am Montag wiederkam, sagte ihr Hübsches Schwester, dieser sei beim Arzt gewesen. Am Abend traf sie ihn selbst, sprach ihn auf die Wunde an und fragte, ob er sich medizinische Hilfe geholt habe. Da fielen sogleich Willis Schwestern ein und fragten Erna, ob sie das nicht glaube.

»Willi, zeig ihr jetzt einmal die Wunde.« Und tatsächlich. Die Verletzung war ordentlich verbunden.

Wenig zielführende Hinweise waren bislang eingegangen in der Mordkommission im Polizeipräsidium Dortmund, in der ehemaligen Rathenauallee, die nun Adolf-Hitler-Allee hieß, Hausnummer 1, Zimmer 122. Dann aber klingelte am 1. Oktober das Telefon bei Kriminalassistent Schmitz.

»Willi Hübsche kommt zu 95 Prozent für den Mord an dem Kaufmann Krahn infrage«, verkündete eine männliche Stimme.

»Tatsächlich?«

»Statten Sie ihm nur einen Besuch ab. Sie müssen ihn aber nach der Verhaftung völlig entkleiden. Er hat nämlich eine Verletzung am Körper. Man hat gesehen, wie ein anderer Mann ihn am Tattag gegen 23 Uhr in die Mechtildisstraße in Essen brachte, in die Wohnung von Hübsches Schwester. Sein Bein war verbunden gewesen, aber nicht fachgerecht, sondern bloß mit einem blutgetränkten Taschentuch.« Und plötzlich legte der anonyme Anrufer auf.

Es wäre ohnehin nur eine Frage der Zeit gewesen, bis die Polizei bei Hübsche vorstellig geworden wäre. Da die Indizien nahelegten, dass hier keine Anfänger am Werk waren, hatte Kriminaldirektor

Hermann die Überprüfung aller polizeibekannten Einbrecher angeordnet. Und einer der üblichen Verdächtigen in der Region war natürlich der 31 Jahre alte, erheblich vorbestrafte Willi Hübsche, Komplize der berüchtigten Räuberbande Heitger. Erst vor wenigen Wochen aus dem Zuchthaus entlassen und auf die Gesellschaft losgelassen. Er genoss ohnehin einen wenig schmeichelhaften Ruhm. Hatte er nicht im dringenden Verdacht gestanden, den Mord an dem Studienrat Niederdräing begangen zu haben? Hatte man ihm nur nicht beweisen können. Aber vielleicht ja jetzt.

Der Essener Kriminalassistent Leichmann stutzte, als er den Auftrag erhielt, Willi Hübsche festzunehmen. Willi Hübsche nämlich war noch am Morgen des Mordtags bei ihm vorstellig geworden. Zu seinem Erstaunen hatte er ihm erzählt, dass, wenn etwas passiere, es immer gleich heiße, das habe Willi Hübsche gemacht. Deshalb wolle er sich nur einmal für alle Fälle sehen lassen.

In Hübsches Wohnung fand Kriminalassistent Leichmann den Gesuchten nicht. Also klingelte er am nächsten Mittag an einer Wohnungstür in der Mechtildisstraße in Essen. Hübsches Schwester Klara Bergmann machte ihm auf. Gemeinsam traten sie in die Wohnung, wo sofort das Gespräch verstummte. Da saßen sie alle. Willi Hübsche und seine Base Erna Kuckartz, sein Bruder Anton Hübsche, seine Schwester und sein Schwager Bergmann. Daneben der Vater, August Hübsche. Fehlte eigentlich nur die zweite Schwester, Käthe Beckmann. Die unterhielt allerdings keinen Kontakt mehr zu ihrer Familie. Dass ihr Gatte Reinhold vor etlichen Jahren Mutter Hübsche erschossen hatte, verhinderte einträchtiges Beisammensein.

»Sprechen Sie doch ruhig weiter!«
»Wir redeten gerade nur vom Wäscheverkauf.«
»Ach so.«

Stille.

»Sie wissen, warum ich komme?«

»Nein.«

»Ich habe den Auftrag, Willi Hübsche zum Polizeirevier zu bringen.«

»Warum?«

»Sie sollen nur noch einmal wegen eines angeblichen Ringdiebstahls vernommen werden.«

Widerwillig erhob sich Willi Hübsche. Sofort schlossen sich auch der vor Aufregung zitternde Anton Hübsche und seine Schwester Ottilie an. Willi hinkte etwas.

»Was ist mit Ihnen geschehen? Wie sehen Sie aus? Haben Sie sich verletzt?«

»Nur eine Kleinigkeit.«

Im Gefängnis merkten die beiden Brüder Hübsche schnell, dass sie keiner Routinebefragung unterzogen wurden. Die Verletzung Willis interessierte die Polizei besonders. Diese angebliche Kleinigkeit war doch eine frische Schussverletzung am Bein, in der linken Wade. Und während Willi Hübsche auch auf die nebensächlichsten Fragen in elaborierten Formulierungen eingehend Antwort gab, zeigte er sich doch umgehend aufgeregt und schmallippig, sobald die Sprache auf die Verletzung am Bein kam.

Wo er sich diese Verletzung zugezogen habe? Darüber wolle er keine Angaben machen. Aber das müsse doch geschmerzt haben.

»Wenn Sie es unbedingt wissen müssen«, antwortete Hübsche, »es ist lediglich die Folge einer Anrempelei in der Nähe des Essener Kirmesplatzes.«

Eine Anrempelei? Am Bein? Und wohl am linken obendrein? Das ohnehin schwer den Weg der Sünde wandelt? Nachdem er Hübsche im Gefängnis untersucht hatte, kam Medizinalrat Dr. Wollenweber zu dem Schluss, dass es sich um einen Beinsteckschuss gehandelt haben musste, wobei die Kugel entfernt worden war – offenkundig durch einen Fachmann.

Dies gab Hübsche dann auch zu.

Wann das denn erfolgt sei, hakte die Polizei nach.

Am 1. Oktober.

Und von wem?

Hübsche verweigerte die Aussage. Dann fand sich noch seine zerrissene Hose, die zwischenzeitlich geflickt worden war. Somit wies also schon viel darauf hin, dass Hübsche den Einbruch bei Krahn verübt hatte. Mehr noch. Mehrere in den letzten Wochen verübte Einbrüche, etwa bei Prein in der Eintrachtstraße in Dortmund oder der Wohnungseinbruch in Bochum, wo Paul Heitkamp durch pures Glück nicht erschossen worden war, wiesen eine »gleichartige Arbeitsweise« auf. Hübsche musste Verhöre über sich ergehen lassen. Er ließ die Kriminalbeamten nie aus den Augen, versuchte ihnen möglichst nicht den Rücken zuzuwenden. Als ob er befürchte, von hinten erschossen zu werden.

Wo er denn am fraglichen Abend gewesen sei?

»Bei meinen Verwandten und abends verabredungsgemäß auf dem Essener Kirmesplatz. Da habe ich meine Schussverletzung bekommen.«

»Von wem?«

»Kannte ich nicht.«

Rehfeld zog die Augenbrauen hoch.

»Ich bin durch eine Gasse gegangen, die von dem Kirmesplatz am Bahnhof zur Steeler Straße führt. Ich weiß den Namen nicht. Da ist mir ein Mann begegnet. Der hat mir die Pistole vors Gesicht gehalten mit den Worten: Was willst du hier? Da habe ich ihm die Waffe niedergeschlagen. Dabei hat sich ein Schuss gelöst, und die Kugel ist mir in die Wade gefahren. Der Kerl ist weggerannt.«

»Und den Schuss hat so nah am Kirmesplatz niemand bemerkt?«

»Es war laut. Und ich habe nichts gesagt, sondern nur mit meiner Verletzung dagesessen, bis mir ein Mann nach Hause geholfen hat.«

Nach mehreren Stunden im Kreuzverhör erklärte Willi Hübsche schließlich, er sei müde. Von da an gab er keine Antworten mehr. Dafür begannen nun zahlreiche Gegenüberstellungen.

4. Oktober 1934

Die Schlinge zieht sich zu

Nach feierlichem Seelenamt begann um 14 Uhr Franz Krahns Beerdigung auf dem Dortmunder Hauptfriedhof. Große Anteilnahme in der überfüllten Trauerhalle. Der Sarg lag inmitten prächtiger Blumenspenden, bedeckt vom Hakenkreuzbanner. Zu beiden Seiten des Sargs hatten Krahns Kameraden von der Motor-SA Aufstellung genommen, dann Schuberts *Ave Maria*, das *Miserere*, am Grab entbot ein Bläserquartett der Jäger dem Toten ein letztes Halali.

Derweil zog sich die Schlinge um Hübsches Hals. Willis jüngerer Bruder Anton Hübsche wurde festgenommen und nach Dortmund übergeführt. Er hatte sich, nach seinem Aufenthaltsort am 29. September gefragt, in Widersprüche verwickelt und somit verdächtig gemacht.

28. bis 30. Oktober 1935

Recht und Unrecht

Menschenmassen drängten am Montag, dem 28. Oktober 1935, in den Zuschauerraum und zu den Pressebänken des Schwurgerichts in Dortmund. Etwa zwanzig Polizeischüler waren als Zuhörer im prunkvollen, mit farbigen Scheiben versehenen Saal verteilt und sorgten für zusätzliche Sicherheit. Von der Präsidentenloge aus durften Referendare der Verhandlung folgen. Kurz vor 15 Uhr betrat Willi Hübsche den Saal, auf beiden Seiten von Schupobeamten bewacht, begleitet von seinem Verteidiger Rechtsanwalt Wethmar. Gut sah Willi aus. Er trug eine Brille und hatte in mehr als einjähriger Untersuchungshaft etwas Gewicht angesetzt.

Sein Bruder Anton schritt mit seinem Rechtsanwalt Hester in den Saal. Den Vorsitz hatte Landgerichtsdirektor Eckardt. Der war bekannt als äußerst konservativ, streng und pflichttreu. Fabrikantensohn aus protestantischer Familie. Unverheirateter Diener des Deutschen Reichs. Nach Jurastudium und ersten Stationen als Gerichtsreferendar und Gerichtsassessor hatte es ihn 1913 als Richter ans Amtsgericht Schleswig verschlagen. Aus dem Weltkrieg kehrte er mit dem Eisernen Kreuz erster und zweiter Klasse sowie etlichen Narben heim, um als Major der Reserve Richter am Landgericht Dortmund zu werden.

Für Aufsehen hatte 1932 seine Prozessführung in der Schwanenfall-Affäre gesorgt. Polizisten waren dermaßen rabiat gegen randalierende Nationalsozialisten eingeschritten, dass sie sich vor Gericht zu rechtfertigen hatten. Sie wurden zu Haftstrafen zwischen vier

Monaten und einem Jahr und drei Monaten verurteilt – mehr, als die Staatsanwaltschaft beantragt hatte. Während dieses Urteil vielerorts Aufschreie der Empörung hervorrief, erhielt Eckardt Lob aus der Ecke der NSDAP.

Deren Zuneigung nahm andererseits wieder etwas ab, als das Dortmunder Schwurgericht unter Eckardts Vorsitz den Tod zweier Kommunisten verhandelte, die der Nationalsozialist Albrecht erschossen hatte. Hier entschieden die Geschworenen, dass mehrere SA-Männer mehrjährige Haftstrafen abzusitzen hätten. Am 1. Mai 1933 wurde Eckardt Mitglied der NSDAP und Vorsitzender des zwei Wochen später eingerichteten Sondergerichts Dortmund. Bekannt war er für seine harten Urteile.

»Den Angeklagten wird zur Last gelegt«, begann Staatsanwalt Dr. Haas, »am Abend des 29. September 1934 bei Unternehmung eines Einbruchsdiebstahls den Kaufmann Franz Krahn in Dortmund vorsätzlich mit Überlegung getötet zu haben. Weiter werden sie beschuldigt, in der Zeit vom 14. bis 29. September 1934 eine Reihe Einbruchsdiebstähle beziehungsweise Diebstahlsversuche ausgeführt zu haben und am 22. September 1934 bei einem solchen Diebstahlsversuch den Schüler Paul Heitkamp in Bochum vorsätzlich zu töten versucht zu haben.«

Eckardt fragte Willi Hübsche, ob er sich gleich zur Sache äußern wolle und wie er überhaupt seine Verteidigung aufzubauen gedenke.

»Ja, weiß ich nicht«, antwortete Willi Hübsche.

»Darf ich Sie daran erinnern, dass Sie bei Ihrer Vernehmung der Polizei erklärt haben, Sie würden nichts aussagen, bis Sie von dem Untersuchungsrichter vernommen würden. Dem Untersuchungsrichter haben Sie dann erklärt, Sie würden erst in der Hauptverhandlung aussagen. Nun sind wir in der Hauptverhandlung, also muss ich diese Frage stellen.«

Als Willi Hübsche abwinkte, fuhr Eckardt fort: »Sie haben in Ihrer Vernehmung auch zugesagt, Licht in die Dunkelheit zu bringen und Namen zu nennen. Es handele sich dabei um die Namen von Söhnen, deren Väter hohe Stellungen bekleiden.«

»Davon weiß ich nichts«, wehrte Willi Hübsche ab. »Ich kann gar keine Mittäter nennen, weil ich keine Mittäter habe.«

»Wollen Sie Ihre Tat zugeben?«, drängte Eckardt.

»Nein.«

»Wollen Sie bestreiten?«

»Nein,« sagte Hübsche, »das nicht. Ich kann nur nicht alles zugeben, was ich gemacht haben soll. Ich habe auch angenommen, dass Sie von Fall zu Fall verhandeln werden. Ich bin im Moment außerdem etwas deprimiert. Das wird sich im Laufe der Verhandlung legen.«

»Deprimiert?«, fragte Eckardt. »Nun ja.«

Dann wendete er sich Anton Hübsche zu. »Wollen Sie eine Erklärung abgeben?«

»Ich weiß nicht«, meinte Anton Hübsche mit einer gehörigen Portion Empörung in der Stimme, »was für eine Erklärung ich abgeben soll.«

Zuerst wurden auf Veranlassung der Staatsanwaltschaft einige zuvor gegen Willi Hübsche ergangene Urteile verlesen. Das Strafkammerurteil aus Braunschweig aus dem Jahr 1922, das Willi Hübsche wegen Diebstahls und Ausbruchsversuchs zu acht Monaten Gefängnis verurteilt hatte. Das Urteil aus Essen vom Juni 1925, als er wegen Diebstahls und Glücksspiels neun Monate Gefängnis erhielt. Und schon im Oktober 1925 verurteilte ein Schwurgericht Hübsche abermals zu anderthalb Jahren Gefängnis. Schließlich das Urteil von 1929, seine Komplizenschaft mit den berüchtigten Brüdern Heitger, bei deren Gladbecker Bankraub Willi Hübsche mitgetan hatte.

Fünf Jahre Zuchthaus und fünf Jahre Ehrverlust. Diese Strafe hatte Willi Hübsche erst am 30. August 1934 verbüßt und habe sich heute bereits wieder vor dem Dortmunder Schwurgericht wegen vollendeten und versuchten Mordes zu verantworten

Wie man den Hübsches auf die Spur gekommen sei, berichtete dann Kriminalkommissar Weber, vormals bei der zentralen Mordkommission Ruhrgebiet und nunmehr im Reichsinnenministerium tätig. Wie Willi Hübsche statt brauchbarer Aussagen sich in vagen Erklärungen verlor. Wie die Personalakten über Hübsche und seinen Anhang das Bild einer gefährlichen Sippe zeichneten, wie Willi Hübsche dort als gefährlicher Gewohnheitsverbrecher, Fassadenkletterer und Schleichdieb zum Vorschein komme. »Nach Vernehmungen unterstreicht er immer wieder die angebliche Minderwertigkeit seines geistigen Zustands, um das Bild eines Halbverrückten zu machen. Wenn einer der Hübsches verhaftet wird, betreiben die Angehörigen immer die sofortige Vorführung vor den Untersuchungsrichter und versuchen dann mit allen Mitteln, die Verhafteten herauszubekommen.«

Und nun folgte die fast endlos scheinende Parade der Belastungszeugen. Einer hatte Willi Hübsche in den Nachmittagsstunden des Mordtags in einer Dortmunder Wirtschaft gesehen, zunächst im Ratskeller, wo er mit drei anderen Männern zusammengesessen und getrunken habe. Sowohl der Inhaber und ein Kellner als auch Gäste identifizierten ihn mit Bestimmtheit bei Gegenüberstellungen – wobei das Foto Hübsches zu diesem Zeitpunkt schon überall in den Zeitungen abgebildet war. Hübsche schüttelte den Kopf. Zu Recht, wusste er doch, dass er nicht im Ratskeller gewesen war. Aber er war auch an anderen Stellen der Stadt gesehen worden, wo Willi sich nicht aufgehalten hatte. In Begleitung seines jüngeren Bruders Anton und einer unbekannten dritten Person. Ein Meter 65 bis ein

Meter siebzig groß, etwa 25 bis 30 Jahre alt, länglich blasses Gesicht, dunkle Haarfarbe, auffallend schlank, bekleidet mit schwarzem glänzenden Kunstledermantel und blauer Schiffermütze. Auch der Artist Walter Pöppler gab an, ihn in Dortmund getroffen zu haben – er allerdings in der Wirtschaft Zum Faß. Er habe sich sogar längere Zeit mit ihm unterhalten. Vier Gläser Bier habe ihm Willi ausgegeben. Er habe ihn für einen hochstudierten Mann gehalten, der sich wohl im Lokal geirrt habe. Das mag auch daran gelegen haben, dass Hübsche sich selbst in jungen Jahren Narben auf den Wangen zugelegt hatte, als wäre er in einer Studentenverbindung gewesen. Auch hier sei Hübsche in Begleitung eines anderen Menschen gewesen, der deutlich brutaler als der schmächtige Willi ausgesehen habe. Diese Angaben bestätigte die Wirtin des Lokals, die gleichfalls Willi Hübsche eindeutig erkannt haben wollte – an den vorn fehlenden Haaren und an der Brille und auch sonst in seinem ganzen Gesicht. Er habe sie sofort an den Filmschauspieler Harold Lloyd erinnert. Ein Irrtum sei ausgeschlossen. Willi Hübsche schüttelte fassungslos den Kopf.

Noch näher am Tatort wollte Willi Hübsche eine Hausangestellte gesehen haben, die beim Nachbarn des Hauses Krahn arbeitete. Sie habe am Abend des 29. September abends gegen acht Uhr zwei unbekannte Männer gesehen und im Lampenschein zumindest den einen deutlich erkennen können. Ihr seien die auffällige Kopfform, die Glatze und der Haarwuchs am Hinterkopf ins Auge gestochen. Und nun, da sie Willi Hübsche auf Fotos gesehen habe, könne sie ihn eindeutig wiedererkennen.

Auch die Nachbarin von Hübsches Schwester Klara Bergmann wusste etwas zu erzählen. Nachdem Willis Foto überall in den Zeitungen erschienen war, sei Klara Bergmann zu ihr in die Wohnung gekommen und habe geklagt: »Frau Schröder, kommen Sie nicht mehr in unsere Wohnung, bei uns ist die Pest. Ich bin die Schwester eines Mörders.« Klara Bergmann im Publikum runzelte die Stirn und machte verneinende Bewegungen.

Am 15. September war bei dem Brauereidirektor Kintzel in der Hermann-Löns-Straße eingebrochen worden. Den Tätern war reiche Beute an Schmucksachen, Kleidungsstücken und Wäsche in die Hände gefallen. Auch eine Pistole nahmen sie mit. Zurück ließen sie allerdings das Schachbrett. Und auf diesem fand sich nun ein Fingerabdruck. Der Sachverständige, Kriminalsekretär Geisler, befand, dass die gesicherte Spur einzig und allein von Willi Hübsche stammen könne. Willi schaute abwehrend.

Schließlich die Fingerabdrücke im Hause Prein.

»Wollen Sie noch keine Erklärung abgeben?«, fragte der Vorsitzende daraufhin Willi Hübsche.

Willi Hübsche zögerte kurz. Dann sagte er: »Den Fall Prein gebe ich zu.« Ein überraschtes Raunen ging durch den Saal, Anton Hübsche riss die Augen auf. »Den hätte ich auch ohne Zeugen eingestanden«, versicherte Hübsche in die Aufregung hinein.

»Das hätten Sie nicht getan!«, erwiderte Eckardt.

»Aber den Fall Heitkamp gebe ich nicht zu«, legte Hübsche nach. »Ich bin doch schließlich die einzige Person, die weiß, ob sich die Zeugen irren.«

Sein Bruder Anton zeigte sich davon zunächst sehr überrascht, doch einige Zeit später gab er dieses Vergehen ebenfalls zu.

Dann trat die ehemalige Hausangestellte der Witwe Behn in den Zeugenstand. Sie hatte am 14. September gegen 18 Uhr Diebe in einem Haus am Westfalendamm in Dortmund auf frischer Tat ertappt, wie sie in den Keller einbrechen wollten.

»Würden Sie den Mann wiedererkennen?«, fragte Eckardt an die Zeugin gewandt.

»Ich habe ihn schon wiedererkannt«, versicherte die Zeugin mit fester Stimme.

»Ich weiß ganz bestimmt, dass sich die Zeugin irrt«, meldete sich Willi Hübsche zu Wort. »Es ist traurig, dass man solcher Aussage zuhören muss. Ich weiß, was mir bevorsteht, aber die Zeugin irrt sich.« Und als er überall ungläubige Gesichter erblickte, setzte er nach: »Wenn ich den Fall Behn gemacht hätte, würde ich es sagen. Ich weiß, dass ich aus dem Zuchthaus nicht mehr herauskomme. Der Fall Prein genügt schon. Aber ich kann nicht sagen, ich habe es gemacht, wenn ich es nicht gemacht habe.«

Sodann sagte Kriminalkommissar Rehfeld aus. Der Leiter des Instituts für gerichtliche Medizin in Berlin, Professor Müller-Heß, habe zwischen den am Tatort in Dortmund durch die Mordkommission sichergestellten Blutspuren und einer Blutprobe des Willi Hübsche vollkommene Übereinstimmung festgestellt. Mehr noch. Beim Einbruch Heitkamp am 22. September in Bochum hatten die flüchtenden Täter unter anderem einen Pistolenschuss auf den Sohn abgefeuert. Die fehlgegangene Kugel hatte der Sachverständige Professor Brüning mit jener verglichen, die im Mordfall Krahn sichergestellt worden war. Ergebnis: Geschosshüllen und Geschosse hatten sämtlich das Zeichen OG 16 – waren also eine Kriegsfertigung des Jahres 1916 aus Oberschlesien, die selten geworden und kaum mehr im Umlauf war. Klar zu erkennen bei 16-facher Vergrößerung war zudem, dass sie nicht nur das identische Kaliber aufwiesen, sondern auch aus ein und derselben Selbstladepistole abgeschossen worden waren.

»Willi Hübsche«, sagte daraufhin Eckardt eindringlich. »Es ist dieselbe Waffe in Bochum und in Dortmund.«

Willi Hübsche schwieg.

»Wollen Sie keine Erklärung abgeben?«

»Was soll ich für eine Erklärung abgeben?«

Daraufhin berichtete Kriminalkommissar Rehfeld von den zahllosen Gegenüberstellungen, etwa der Familie Heitkamp, die alle Willi Hübsche identifiziert hätten. Illustriert von zahlreichen Fotos der Wadenverletzung erzählte Rehfeld, was Willi Hübsche zu deren Herkunft erzählt hatte, die Auseinandersetzung mit einem Unbekannten nahe der Essener Kirmes, dessen Waffe er niedergeschlagen habe, als sich ein Schuss löste.

»Willi Hübsche, bleiben Sie bei Ihrer Aussage?«

»Ja.«

»Aber das ist doch unmöglich. Wie können Sie von vorne angegriffen werden und dabei einen Schuss von hinten nach vorn in die Wade erhalten?«

»Darf ich das vor dem Richtertisch demonstrieren?«

»Ich bitte darum.«

Willi trat nach vorne und unternahm kühne Verrenkungen. Das Gericht zeigte sich nicht überzeugt. Willi wurde schließlich blass. »Es ist doch traurig! Sie können das auslegen, wie Sie wollen!«, sagte er mürrisch und begab sich zurück auf die Anklagebank.

»Hier wird nichts ausgelegt«, erwiderte Richter Eckardt, »hier wird nur bewiesen.«

Zum Beginn der Sitzung des zweiten Verhandlungstags war die 20-jährige Gattin des Kaufmanns Franz Krahn, die verwitwete Ursula Krahn, als Zeugin vorgeladen. Unzählige Augenpaare hafteten auf ihr in der stickigen Luft des prall gefüllten Saals. Noch bevor das Gericht den Raum betrat, brach sie zusammen. Laut schreiend musste sie aus dem Saal getragen werden. Diese Szene setzte auch Hübsche zu. Er begann zu weinen.

Schließlich kam der Prozess zum Ende.

30. Oktober 1935

Haas klagt an

»In diesem aufsehenerregenden Prozess sind zwei Gesichtspunkte maßgebend«, erklärte Staatsanwalt Haas in seiner abschließenden Anklagerede, »und zwar muss einmal aufgezeigt werden, wie das Ergebnis der Beweisaufnahme auszuwerten ist, und zum anderen, wie der Sachverhalt als erwiesen zu verwerten ist. Die entscheidende Frage ist, ob insbesondere im Fall Krahn der Angeklagte Willi Hübsche die Tötung mit Überlegung ausgeführt, also einen Mord begangen hat. Die Beweisaufnahme hat zunächst einmal ergeben, dass der Angeklagte Willi Hübsche am Westfalendamm einen Einbruch versucht hat. Hier ist er von einer Zeugin genau wiedererkannt worden, sodass ein Zweifel völlig ausgeschlossen ist. Der Angeklagte Willi Hübsche hat auch, wie er erst jetzt in der Hauptverhandlung zugegeben hat, den schweren Einbruch in der Eintrachtstraße in Dortmund begangen. Nur unter dem Druck der Beweismittel hat er jetzt sein Geständnis abgelegt, um sich dadurch den Anschein eines ehrlichen Mannes zu geben. Bei diesem Einbruch sind den Dieben Geld, Kostbarkeiten und wertvolle Gebrauchsgegenstände im Wert von rund 3.000 Mark in die Hände gefallen.

Des weiteren muss Willi Hübsche auch des Einbruchs bei Klagges in der Burggrafenstraße in Bochum als überführt gelten. In der gleichen Weise wie bei dem Dortmunder Einbruch ist hier von hinten in das Haus eingedrungen worden, in der gleichen Weise sind sämtliche Räume, in denen Wertsachen zu vermuten waren, durchwühlt worden, und in der gleichen Weise hatte der Täter es hier besonders auf Geld und Wertsachen abgesehen. Die Beute von 500 Mark Bargeld in 50-Mark-Scheinen hat Willi Hübsche, der zu jener Zeit ein armer Schlucker war und sich geringe Geldbeträge noch am Tag vorher leihen musste, dazu benutzt, um mit verschiedenen anderen Leuten sofort nach der Tat ein Zechgelage zu veranstalten, bei dem er 100 Mark für allerhand Luxusgetränke ausgegeben hat. Wenn Willi Hübsche und die anderen Teilnehmer an dem Zechgelage jetzt in Abrede stellen wollen, dass Willi Hübsche bezahlt habe, so ist dem entgegenzuhalten, dass Hübsche selbst früher etliche Male das zugegeben hat. Im übrigen ist auch durch weitere Zeugen bestätigt worden, wie Willi Hübsche an jenem Abend großspurig aufgetreten ist, anderen Leuten Geld und Anschaffungen versprochen hat.

Dieses Zechgelage führt auch so recht in das Milieu, in dem sich Willi Hübsche zu bewegen pflegte. Sein Verhalten kennzeichnet ihn. Er ist ein Mann, dem es nicht darauf ankommt, ob er in seine eigene oder in eine fremde Kasse greift, dem es lediglich darauf ankommt, Geld in die Finger zu bekommen, der bei diesen Bestrebungen auch gar nicht davor zurückschreckt, ein Menschenleben zu vernichten. Wenn er beutereiche Straftaten begangen hat, dann fühlt er sich stark, dann spielt er den großen Mann. Das ist überhaupt das Wesentliche bei ihm, dass er stets auf Geld ausgeht und zur Erreichung dieses Zweckes die verwerflichsten Mittel anwendet, sei es sogar durch die Vernichtung eines Menschenlebens.

Das beweist zunächst einmal sein Verhalten bei seiner Überraschung während des Einbruchs im Falle Heitkamp in der Ostermannstraße in Bochum. In diesem Fall ist er trotz seines hartnäckigen Leugnens hinreichend überführt. Die Ehefrau Heitkamp und auch deren Ehemann, dem er ja gegenübergetreten ist, haben ihn genau erkannt. Willi Hübsche ist derjenige gewesen, der die Pistole auf den ihm gegenüberstehenden 18-jährigen Schüler Paul Heitkamp angelegt und auch geschossen hat. Dieser Fall ist nicht etwa durch eine Indizienkette bewiesen, sondern durch die klaren und eindeutigen Zeugenaussagen. Dieser Fall ist auch für die Beurteilung des schwersten Falles Krahn von außerordentlich großer Bedeutung. Willy Hübsche geht aufs Ganze. Das beweisen seine Vorstrafen. Unter Berücksichtigung seines Charakters, der aus Feigheit und Hinterlist besteht, hat er im Fall Heitkamp den Willen gehabt, den Schüler Heitkamp, der ihn an der Flucht hindern wollte, umzulegen. Wenn der Schüler Paul Heitkamp dabei nicht zu Tode gekommen ist, so ist dies lediglich dem glücklichen Umstand zu verdanken, dass er rechtzeitig zur Seite springen konnte. Der Schuss war aber gut gezielt. In diesem Fall handelt es sich also um einen Tötungsversuch unter den erschwerenden Umständen des Paragraph 214.

Bei dem Fall Krahn kann die Frage des von Willi Hübsche angetretenen Alibibeweises sehr schnell abgetan werden. Der Angeklagte kann seinen Aufenthalt in Essen nur bis etwa vier Uhr nachmittags nachweisen. Dann ist er etwa gegen elf Uhr in Essen wieder aufgetaucht. Am Morgen des Tattages hat er sich noch in einer überaus plumpen Weise ein Alibi durch einen Besuch beim Essener Polizeipräsidium verschaffen wollen. Und am Abend ist er mit seiner Schussverletzung noch zum Essener Kirmesplatz gegangen, um sich hier wiederum ein Alibi zu verschaffen.

Es ist schon eine große Frechheit des Angeklagten, wenn er behaupten will, dass die vielen Zeugen sich irren.«

Hier dürfte Hübsche innerlich gekocht haben. Doch äußerlich blieb er ruhig.

»Es steht fest, dass er bereits gegen 17 Uhr 30 in Dortmund war. In zwei Lokalen ist er gesehen und erkannt worden. Er hat die einbrechende Dunkelheit abgewartet, um den Einbruch im Haus Krahn zu begehen. In der Nähe dieses Hauses ist er beobachtet und erkannt worden. Er wurde beobachtet, wie er, wie in allen anderen Fällen, von hinten in das Haus eingedrungen ist. Als er dann kurz darauf von dem heimkehrenden Kaufmann Krahn überrascht wurde, hat er den Kaufmann Krahn aus dem Hinterhalt durch drei Schüsse niedergestreckt. Fünf Schüsse sind gefallen, fünf Hülsen wurden gefunden, aber außer den drei Schussverletzungen bei dem Kaufmann Krahn und außer einer in die Wand gegangenen Kugel wurden weitere Geschosse nicht gefunden. Die Blutspuren vom Ort der Tat, die Treppe hinab, durch den Garten bis zu dem Stacheldrahtzaun, zeigten, dass der Täter sich selbst durch einen Steckschuss verletzt haben musste.

Im Lauf der Ermittlungen und der Voruntersuchungen ist dem Willi Hübsche mehrfach auf den Kopf zugesagt worden, dass er die Schüsse auf den Kaufmann Krahn abgegeben habe, dann ist er nicht etwa aufgebraust, sondern er hat die zynische Bemerkung gemacht: Sie können mir erzählen, was Sie wollen. Ich werde in der Hauptverhandlung den Mund öffnen, und dann fällt das ganze Anklagegebäude zusammen. Jetzt in der Hauptverhandlung hat aber Willi Hübsche nichts anderes gesagt, als er es früher getan hat. Das alles war nur leeres Geschwätz.

Die Beweiskette, von den Blutspuren anfangend bis zu der Verhaftung Willi Hübsches mit der eigenartigen Schussverletzung im Bein, ist lückenlos, wenn man besonders dabei bedenkt, dass Willi Hübsche ausgerechnet einen Steckschuss hatte. Die Darstellung, die der Angeklagte über seine Verletzung gibt, ist völlig unglaubwürdig. Gerade Willi Hübsche wäre der Mann gewesen, der sich für einen solch harmlosen Vorfall, wie er ihn darstellt, Zeugen besorgt hätte.

Die Kette der Indizien hat völlig erwiesene Klarheit gebracht. Man muss bedenken, dass der Angeklagte sich beharrlich weigert, den Mann anzugeben, der ihm die Kugel aus dem Bein entfernt hat. Er hat es sich gut überlegt, dass er dann erst recht überführt werden würde. Er ist eben ein so gerissener und kalt berechnender Mann.

Der größte Zweifler an Willi Hübsches Täterschaft aber muss verstummen, wenn man ihm vorhält, dass die Schüsse im Fall Heitkamp und im Fall Krahn aus derselben Pistole abgegeben worden sind, dass es sich auch um dieselbe, sogar seltene Munition aus der Kriegszeit handelt.

Der Angeklagte Willi Hübsche ist der Mann, der von seiner Pistole rücksichtslos Gebrauch macht. Das beweist seine Teilnahme an dem verwegenen Gladbecker Reichsbankraub, das beweist seine Vorstrafe wegen versuchten Totschlags. Im übrigen hat der ganze Tatbefund Klarheit darüber ergeben, dass Willi Hübsche den Kaufmann Krahn mit kalter Überlegung getötet hat. Nachdem er ihn durch die Schüsse aus dem Hinterhalt zu Boden gestreckt hat, hat er den letzten tödlichen Schuss noch auf den am Boden Liegenden abgegeben. Es handelte sich um einen Nahschuss in den Nacken. Willi Hübsche ist nicht der Mann, der nur zufällig seine Pistole mitnimmt. Er ist dafür bekannt, dass er rücksichtslos damit umgeht. Wenn er eine Pistole einsteckt, dann tut er das mit der Überlegung, im Ernstfall kalt und entschlossen davon Gebrauch zu machen. Solche Leute müssen aus der Gemeinschaft des Volkes verschwinden.

Die Staatsanwaltschaft beantragt für Willi Hübsche wegen vollendeten Mordes im Falle Krahn die Todesstrafe und den dauernden Verlust der bürgerlichen Ehrenrechte. Ferner wegen des Totschlagversuchs im Fall Heitkamp zehn Jahre Zuchthaus und wegen drei vollendeter Diebstähle im Rückfall je fünf Jahre Zuchthaus und wegen zwei versuchter Diebstähle je drei Jahre Zuchthaus. Diese letzteren einzelnen Strafen sind zu einer Gesamtzuchthausstrafe von 15 Jahren zusammenzuziehen, außerdem die Aberkennung der bürgerlichen Ehrenrechte. Schließlich beantragt die Staatsanwaltschaft noch die Sicherungsverwahrung.

Der Angeklagte Anton Hübsche ist nur der Mittäterschaft bei einem Einbruch als schuldig überführt. Es hat sich kein sicherer Beweis dafür ergeben, dass er in allen Fällen der Begleiter seines Bruders Willi gewesen ist, insbesondere, weil er auch in keinem Fall von Zeugen erkannt worden ist. Gegen Anton Hübsche beantragt die Staatsanwaltschaft deshalb wegen eines schweren Einbruchsdiebstahls eine Zuchthausstrafe von zwei Jahren.«

30. Oktober 1935

Auf des Teufels Schippe

Zwei Stunden hatte die Anklagerede von Dr. Haas am Tag zuvor beansprucht. Lang waren auch die Verteidigungsplädoyers gewesen. Rechtsanwalt Wethmar war eingehend auf die tödlichen Schüsse auf Kaufmann Krahn eingegangen und vertrat die Ansicht, dass der Schuss in den Nacken Krahns sich nicht ohne jeden Zweifel als Nahschuss darstelle. Man könne und dürfe deswegen nicht annehmen, dass die Absicht des Angeklagten Willi Hübsche dahin ging, jeden, der ihm bei der Begehung eines Diebstahls entgegentrat, unbedingt über den Haufen zu schießen. Es sei daher zweifelhaft, ob in diesem Fall bei ihm eine klare Überlegung obgewaltet habe. Daher könne man auch nicht ohne jeden Zweifel ihn wegen einer überlegten Tötung, also wegen Mordes, verurteilen. Die Entscheidung stelle er dem Gericht anheim, wobei er jedoch zu bedenken bitte, dass manche Zeugen sich immerhin irren könnten.

Für seinen Mandanten Anton Hübsche ergriff dann Rechtsanwalt Dr. Hester das Wort. Das schlechte Bild, meinte er, das man zu Beginn der Anklage von dem Angeklagten Anton Hübsche gewonnen habe, habe sich durch die eingehende Beweisaufnahme glücklicherweise nicht bestätigt. Die Zeugen in den Fällen Heitkamp und Krahn hätten einwandfrei ausgesagt, dass der Komplize des Angeklagten Willi Hübsche ein größerer und auch brutalerer Mann gewesen sei. Und das treffe ja auf den Angeklagten Anton Hübsche nicht zu. So sei er denn lediglich als ein Mitläufer in dem einen Diebstahlsfall Prein schuldig, den er ja auch schließlich zugegeben habe. Und deswegen sei wohl eine mildere Strafe am Platz, als der Vertreter der Anklage beantragt habe.

Daraufhin überließ Richter Eckardt den beiden Angeklagten das letzte Wort zu ihrer Verteidigung.

»Ich stehe jetzt das dritte Mal unter Mordanklage«, sagte Willi Hübsche. »Zweimal bereits hat sich herausgestellt, dass ich als Täter nicht in Frage kommen kann. Auch in diesem Fall bin ich nicht der Täter. Es ist ein schreckliches Verbrechen begangen worden, aber es ist doch nicht damit gedient, wenn man nun, um dieses Verbrechen zu sühnen, einen Mann verurteilt, der aber nicht der Täter ist. Sie mögen von mir denken, was Sie wollen. Zu solch einer Tat aber bin ich nicht fähig.«

Daraufhin sprach noch einmal Anton Hübsche. Er versicherte, dass er nie wieder vor Gericht stehen werde. Das habe er sich fest vorgenommen, nachdem er in diesem Fall in so schwerster Weise verdächtigt worden sei.

Daraufhin wurde die Sitzung unterbrochen.

31. Oktober 1935

Confessio est regina probationum

Eigentlich sollte am Donnerstagmorgen beim Dortmunder Schwurgericht nur das Urteil verkündet werden. Der Schwurgerichtssaal war bis auf den letzten Platz besetzt, zahlreiche höhere Justizbeamte und Rechtsanwälte wohnten der Verhandlung bei, auch der Zuhörerraum, dessen Besucher nach Waffen untersucht worden waren, war gefüllt. Ein Tuscheln machte sich breit. Gerüchte von einer Sensation machten die Runde. »Habt ihr schon gehört? Anton Hübsche?«

Unmittelbar vor Eintritt des Gerichts fand sich der Angeklagte Willi Hübsche allein vorgeführt und in die Anklagebank gebracht. Hier nahmen neben ihm, wie an allen vorausgegangenen Tagen, zwei Schupowachtmeister Platz. Er wartete jedoch vergeblich darauf, dass der Platz seines Bruders Anton besetzt würde. Dort blieb eine irritierende Lücke.

Nach Erscheinen des Gerichtshofs und seiner Begrüßung durch die im Saal Anwesenden beantragte die Staatsanwaltschaft, noch einmal in die Verhandlung einzutreten.

»Meine Herren Richter, im Anschluss an meine gestrigen Ausführungen und an das Ihnen vorgetragene Beweismaterial habe ich Ihnen nunmehr eine Mitteilung von äußerster Bedeutung vorzutragen.« Staatsanwalt Dr. Haas warf Willi Hübsche einen grimmigen Blick zu und fuhr dann fort: »Gestern Abend wurde mir durch einen Sonderwachtmeister ein Schreiben ins Haus gebracht. Es stammte von dem Angeklagten Anton Hübsche. Anton Hübsche hat in dem Schreiben erklärt, dass er sich entschlossen habe, bevor sein Urteil gefällt werde, lieber ein Geständnis abzulegen. Er gestehe ein, dass er in sämtlichen zur Anklage stehenden Fällen, insbesondere auch bei der Ermordung des Kaufmanns Krahn, der zweite Täter sei, den man bisher nicht einwandfrei ermittelt habe. Anton Hübsche hat dieses Geständnis schon gestern morgen machen wollen, er will aber infolge seiner allzu großen Erregung nicht dazu gekommen sein. Sein Geständnis hat Anton Hübsche in einem Schreiben an die Staatsanwaltschaft im Gefängnis abgelegt. Und zwar hat er es einem Strafanstaltswachtmeister gegenüber abgelegt, auch ein anderer Strafgefangener, der auf dem Flur Kalfaktor-Dienste tat, hat es mitangehört. Klipp und klar hat er erklärt, dass er das Lügen nicht länger ertragen könne, er wolle jetzt lieber die Wahrheit sagen.

Der Angeklagte Anton Hübsche ist jedoch selbst nicht mehr in der Lage, jetzt vor Ihnen hier zu erscheinen und das Geständnis vorzutragen. Sie, meine Herren Richter, werden nicht in der Lage sein, gegen den Angeklagten Anton Hübsche ein Urteil zu fällen. Als ich im Gerichtsgefängnis erschien, hatte sich der zweite Täter, Anton Hübsche, schon das Leben genommen.« Alle Aufmerksamkeit schnellte ins Gesicht von Willi Hübsche. Ihn fokussierte auch der Staatsanwalt, als er weitersprach: »Er hat sich gestern Nachmittag durch drei tiefe Schnitte in die Pulsader und Strangulieren mit seinem Halstuch in der Gefängniszelle das Leben genommen.«

Erregt schluchzte Willi Hübsche auf.

»Ich bitte jetzt, den Angeklagten Willi Hübsche zu befragen, ob er nicht jetzt auch der Wahrheit die Ehre geben will«, fuhr der Staatsanwalt fort.

Willi Hübsche wandte sich mit hilflosem Blick an den Vorsitzenden. »Ist denn mein Bruder wirklich tot?«, fragte er mit Tränen in der Stimme.

»Ja, er ist tot«, sagte der Staatsanwalt, bevor der angesprochene Vorsitzende versicherte: »Ja, Ihr Bruder ist wirklich tot. Mir ist die dienstliche Mitteilung vom Tode Ihres Bruders um 5 Uhr 10 gemacht worden.«

»Dürfte ich vielleicht einmal das Schreiben sehen?«

Der Staatsanwalt reichte es einem Wachtmeister, der es Willi Hübsche vorhielt. Das war die Handschrift seines Bruders. Manche Zeitungen berichten sogar von zwei Schreiben.

»Ist denn die Möglichkeit da, dass ich meinen Bruder einmal sehen kann?«, fragte Willi Hübsche ungläubig. »Vielleicht können Sie mich auf diese Weise täuschen.«

»Nein, diese Möglichkeit besteht nicht«, sagte der Vorsitzende.

»Ich kann das auch bestätigen«, bekräftigte der Staatsanwalt. »Ich war persönlich in der Zelle Ihres Bruders. Das blutige Messer lag noch da, er hat sich an seinem Halstuch an der Heizung erhängt.«

»Es kann aber doch nicht wahr sein«, stammelte Willi Hübsche.

Der Wachtmeister brachte das Schreiben nun zum Vorsitzenden, der es verlas.

»Bevor mein Urteil fällt, möchte ich doch lieber ein Geständnis machen. Denn die zweite Person bin ich gewesen. Ich möchte sagen, dass ich bei allem dabei war.« Dann kam ein angebrochener Satz zum Fall Prein. Zum Abschluss stand dort: »Ich wollte es eigentlich schon heute morgen sagen. 30. Oktober, Anton Hübsche.«

Im Gerichtssaal vielerorts hämisches Grinsen, während Willi immer noch misstrauisch umherblickte. »Er, der sich alles zutraut, traut auch einem deutschen Gericht allerlei zu«, wird tags darauf eine Zeitung kommentieren. »Er, der über ein Jahr vor den Untersuchungsbehörden und drei Tage lang in der Hauptverhandlung Theater gemacht hat, traut auch dem Gericht zu, dass es ihm etwas vorspiegelt, was nicht Wahrheit und Wirklichkeit ist.« Aber es ist ja auch kaum zu glauben, so gut passen Geständnis und Selbstmord ins Konzept der Justiz, die nach Willi Hübsches Beichte giert.

»Ich hatte gestern auch die Absicht gehabt, ein Lebensgeständnis abzulegen«, murmelte Willi Hübsche dann auch wirklich und fuhr lauter fort. »Ich wollte auch gestern alles wahrheitsgetreu schildern. Ich habe den Wachmeister gestern gefragt, ob ich Herrn Landgerichtsdirektor Eckardt nicht sprechen könne. Die zweite Person aber wollte ich schonen. Da wurde mir im Gefängnis gesagt, das sei kein Geständnis, das sei nur ein Teilgeständnis, das habe keinen Zweck. Ich will jetzt sprechen, nur will ich vorher die Gewissheit haben, ob mein Bruder auch wirklich tot ist. Das muss ich wissen wegen der Angaben über die zweite Person.«

Als ihm das noch einmal bestätigt wurde, brach Willi Hübsche zusammen.

»Was wollten Sie nun zu der Sache sagen?«, bohrte Eckardt ungeduldig nach.

Mit leiser, leicht heiserer Stimme trug Hübsche, indem er sich oft unterbrach und zusammenhanglos von einem Punkt zum anderen sprang, seine Lebensbeichte vor. Ein Leben wie aus einem schlechten Räuberroman, aus einem Kolportageheft.

»Ich habe sämtliche Fälle begangen.«

»Sämtliche Fälle«, hakte der Vorsitzende Eckardt ein, »auch den Fall Krahn?«.

»Ja, auch den Fall Krahn, auch den Fall Kintzel, der mir nicht nachgewiesen werden konnte.«

»Sie sind sich der Bedeutung dieses Geständnisses bewusst?«, bohrte Eckardt.

»Ich bin mir der Bedeutung dieses Geständnisses durchaus bewusst«, antwortete Hübsche matt.

»Protokollieren Sie die Aussage«, wies der Vorsitzende den Gerichtsschreiber an, der sich eisern konzentrierte.

»Ich habe auch noch Straftaten in Duisburg und Düsseldorf begangen, die vor diesen mir jetzt zur Last gelegten Fällen liegen.«

»Durch Ihr bisheriges Verhalten sind sicherlich manche Unschuldige in Verdacht geraten oder sogar verurteilt worden«, unterbrach ihn der Vorsitzende. »Ich halte es für geraten, Ihnen in Ihrer Zelle Schreibmaterial zuzuleiten, damit Sie alles schriftlich niederlegen können.«

»Ich bin zu erregt«, entgegnete Hübsche. »Ich kann wahrscheinlich nicht schreiben.«

»Ich werde ihn später persönlich noch einmal in seiner Zelle aufsuchen und vernehmen«, warf der Staatsanwalt ein. Dann wurde Hübsche bedeutet, in seiner Aussage fortzufahren.

»In sämtlichen Fällen spielt eine zweite Person eine Rolle«, sagte er in die lautlose Stille des prallgefüllten Gerichtssaals hinein. »Jetzt, da mein Bruder tot ist, kann ich ja sprechen. Ich hatte diese Nacht schon so eine Ahnung, es wurde häufig in meine Zelle geguckt. Ich bin derjenige, der meine Familienangehörigen mit ins Unglück gestürzt hat. Meine Angehörigen haben immer alles getan, um mich von dem Wege des Verbrechens abzubringen. Insbesondere mein Bruder Anton. Anton war derjenige gewesen, der mich von der ersten Tat nach meiner Entlassung aus dem Zuchthaus noch hatte abhalten wollen. Du brauchst nicht zu arbeiten, hat er zu mir gesagt, aber mache nur nie wieder krumme Sachen. Ich habe ihn zum Verbrecher gemacht. Ich habe ihn verführt, als er einmal benebelt war. In seinem Liebesleid hatte er zu viel getrunken. Anton hatte sich nämlich auch für Erna Kuckartz interessiert. Ich habe ihm verschwiegen, dass ich zu ihr ein heimliches Verhältnis hatte. Ich habe ihn immer überredet. Er wollte erst nicht, dass ich wieder auf die schiefe Bahn kam. Ist er wirklich tot? Kann ich mich darauf verlassen? Kann der Herr Staatsanwalt das auf seinen Eid nehmen?«

Bestätigendes Nicken von Staatsanwalt und Vorsitzendem.

»Nun habe ich zwei Morde auf dem Gewissen«, murmelte Hübsche. »Ich habe also meinen Bruder getötet. Auch den Kaufmann Krahn habe ich getötet. Der Schuss, der den Kaufmann Krahn getötet hat, ist derjenige, der dann auch in mein Bein gegangen ist. Ich werde mich nunmehr selbst richten. Eine Möglichkeit dazu werde ich schon finden. Aufs Schafott werden Sie mich nicht kriegen. Das werde ich meiner Familie ersparen. Auch im Fall Heitkamp in Bochum bin ich derjenige, der geschossen hat. Früher habe ich schon mehrfach das Schießen geübt. Ich habe auch verschiedene Raubüberfälle begangen, die bisher nicht aufgeklärt worden sind. In einigen Fällen ist auch geschossen worden. Es war aber nie die Absicht bei meinen Raubüberfällen, einen Menschen dabei zu töten. Dann brauchte ich nicht ausschließlich Villeneinbrüche zu machen, dann konnte ich ja einen Juwelier überfallen, wo noch mehr zu holen war.

Im Fall Krahn haben wir wie in allen anderen Fällen gearbeitet. Die Türen haben wir nie aufgebrochen, damit wir nicht auffielen. Wir hatten uns auch Masken mitgenommen. Als der Kaufmann Krahn mit seiner Frau ins Haus kam, haben wir uns gleich die Masken aufgesetzt. Ich sprang sofort auf den Flur und stellte mich oben hin, um noch eine Möglichkeit zum Entkommen zu haben. Ich wollte das Schießen vermeiden. Als das Licht anging und Krahn die Treppe hinaufkam, hielt ich die entsicherte Pistole in der Hand. Auch in diesem Fall habe ich Hände hoch! gerufen. Ich schoss erst tief herunter. Ich schoss dann noch einige Male. Der Schuss in meinem Bein ist einer der Schüsse, die den Kaufmann Krahn getroffen haben. Mein Begleiter sagte mir, Krahn sei tot. Das habe ich erst nicht glauben wollen. Ich wollte ihn ja nicht töten. Denn Krahn hätte uns trotzdem nicht erkannt, weil wir ja Masken trugen.

Von den Sachen, die ich in anderen Fällen gestohlen habe, möchte ich weiter nichts sagen. Sie sind in Hände von Leuten gewandert, die heute ein Geschäft haben. Einige Zeugen in Dortmund haben sich aber bei meinem angeblichen Wiedererkennen geirrt. Die Leute, die mich in der Nähe der Bovermannstraße gesehen haben, hatten recht. Die gestohlenen Manschettenknöpfe habe ich am Bahnübergang in der Nähe des Krahnschen Hauses weggeworfen. Wir sind nach der Tat erst mit der Straßenbahn gefahren in der Richtung zum Bahnhof. Erst wollten wir nach Dorstfeld. Wir haben verschiedene Leute nach dem Weg nach Dorstfeld gefragt. Diese Leute haben sich aber nicht gemeldet. Dann hatten wir vor, mit einer Taxe nach Essen zurückzufahren. Schließlich sind wir mit einem Ruhrschnellzug nach Essen gefahren. Am Dortmunder Bahnhof habe ich mich auch gewaschen. Da muss ich auch gesehen worden sein. Mein Fuß war ganz voll Blut infolge meiner Verletzung. Meine Schuhe habe ich später verbrannt.

Für Dortmund hatte ich früher immer schon eine große Unruhe. Wir wollten an diesem Tag erst nach Elberfeld fahren. Da haben wir aber den Zug versäumt. Ich habe mich auf Einfamilienhäuser spezialisiert, weil ich dort Tresors und Schmucksachen vermutete. Im Fall Krahn ist es das erste Mal gewesen, dass ich in ein Haus gegangen bin, an dem sich mehrere Schellen befanden.

Ich habe mir auch ein Alibi sichern wollen. Die Kugel habe ich selbst aus meinem Bein genommen, nachdem ich mir ein spitzes Operationsmesser, Verbandszeug und auch Alkohol zum Reinigen habe besorgen lassen.«

Willi Hübsche schilderte alsdann, wie er sich tatsächlich fachmännisch die Kugel entfernt hatte, wobei er nicht geringe Kenntnisse von solchen Dingen verriet.

»Die Kugel habe ich ganz allein gesehen. Ich habe sie später in einen Kanal geworfen. Ich habe nichts mehr zu verlieren. Sie können mir jetzt eine Strafe geben, wie Sie wollen. Das steht für mich fest, dass ich meinem Leben ein Ende machen werde. Sie können mir aber auch glauben, dass ich den Kaufmann Krahn nicht mit Willen getötet habe. Mein Mittäter fragte nach den Schüssen: Willi, was hast Du gemacht!

Ich muss jetzt auch noch etwas weiter zurückgehen. Die Gebrüder Heitger sind meine Vettern. Ich bin derjenige gewesen, der Hans Heitger, als er noch nicht vorbestraft war, zu Straftaten verführt hat. Ich bin der Lehrer der Heitgers gewesen. Schon in ganz jungen Jahren bin ich in Dortmund mit einem alten Zuchthäusler zusammengetroffen. Der hat mich bei Klingelfahrten mitgenommen. Mit dem habe ich eine ganze Anzahl Einschleichdiebstähle, für die dieser Mann Spezialist war, gemacht. Das war sogar noch während meiner Schulzeit. Der Zuchthäusler hat an Haustüren geschellt, und wenn nicht geöffnet wurde, die Türen nachgeschlossen und gestohlen. Ich habe die Diebesbeute im Rucksack forttragen müssen. Mindestens zehn Fälle waren das in Dortmund. Aber längst verjährt.«

»Woher hatten Sie die Waffe in den Fällen Heitkamp und Krahn«, fragte der Staatsanwalt dazwischen.

»Die stammt aus dem Diebstahl Klagges.«

»Also stimmt das genau mit der Munition überein«, meinte der Vorsitzende. »Und was wusste Ihre Familie?«

»Meinen Angehörigen habe ich meine strafbaren Handlungen stets vertuscht. In meiner Jugendzeit hat meine Mutter sich mit den sechs Kindern schlecht und recht durchgeschlagen, zumal mein Vater lange Zeit nicht zu Hause gewesen war. Mit zwölf Jahren bin ich dann einfach aus der Schule geblieben und habe durch Missbrauch des von meiner Mutter geschenkten Vertrauens schon ziemlich viel Geld in den Händen gehabt, habe es gelegentlich auf Bahnhöfen im Spiel verloren und dann Diebstähle begangen. In der Inflationszeit habe ich geschoben und geschmuggelt, teilweise hatte ich viel Geld in den Fingern«, fuhr Hübsche fort. »Unsere Familie ist viel umhergezogen, meistens haben wir immer unangemeldet gewohnt. Wir haben auch verschiedene Namen geführt. In Hamm habe ich eine ganze Anzahl Kellereinbrüche begangen. Ich bin auch einmal mit dem Leo Wortberg zusammen gewesen. Später habe ich mit anderen Mittätern gearbeitet. Vor allem auch mit Hans Heitger. Wir hatten beschlossen, nur Geld und Schmucksachen zu stehlen, und zwar aus Einfamilienhäusern. In Katernberg hat Hans Heitger mit mir seinen ersten Einbruch ausgeführt.

Manchmal war auch noch eine dritte Person dabei, die aber später aus Essen verschwunden ist. Nachher sind wir auch auf andere Touren gekommen. Beim Gladbecker Bankraub habe ich mich aktiv beteiligt und auch geschossen.«

Anderthalb Stunden lang währte das Geständnis. Dann sank Willi Hübsche zu einem Häufchen Elend zusammen. »Das größte Verbrechen, das ich begangen habe, ist der Fall Krahn. Ich wollte ihn nicht töten. Jetzt habe ich auch noch den Mord an meinem Bruder begangen, der mich von meinem Wege abbringen wollte. Er wäre bestimmt nicht wieder rückfällig geworden. Ich kann schon nicht mehr zu den Berufsverbrechern gezählt werden«, murmelte er, »ich bin wirklich schon Ausschuss der Menschheit. Ich bin heute voll davon überzeugt, dass ich die Todesstrafe erhalten werde.«

»Das Strafverfahren gegen Anton Hübsche hat nunmehr durch

dessen Tod seine Erledigung gefunden«, ergriff daraufhin der Staatsanwalt das Wort. »Jetzt hat nun Willi Hübsche ein Geständnis unter dem Eindruck der Mitteilung vom Tod seines Bruders abgelegt. Es zeigt sich, dass all die Ermittlungen völlig richtig waren. Alles hat sich so zugetragen, wie es Polizei und Anklagebehörde angenommen haben. Das Geständnis des Angeklagten wirft auch wieder ein richtiges Licht auf die Persönlichkeit des Angeklagten, der sich selbst zu dem Ausschuss der Menschheit zählt. Es zeigt sich mit aller Klarheit, dass die Charakteristik, die die Staatsanwaltschaft gestern von dem Angeklagten gegeben hat, berechtigt war. Hübsche war nicht der Schüler, sondern der Lehrer der Heitgers, was beinahe wie ein Witz anmutet. Er ist nicht nur ein gerissener, sondern auch ein intelligenter Verbrecher. Wenn es um seinen Kopf geht, arbeitet er klar und logisch. Auch heute hat er zugegeben, dass es sein Ziel gewesen ist, unter allen Umständen Geld in die Finger zu bekommen. Und dabei ist er über Leichen gegangen. Willi Hübsche ist ein überaus schwerer Junge, der unter allen Umständen aus der menschlichen Gemeinschaft ausgemerzt werden muss. Der Angeklagte hat die Tötung des Kaufmanns Krahn mit voller Überlegung begangen. Mit allem Geschick versucht er trotz seines Geständnisses auch jetzt noch, die Frage der Überlegung zu umgehen. Aber er hat das Für und Wider bei der Tat gegeneinander abgewogen und sich für das Schlechte, die Tötung Krahns, entschieden. Kaltblütig und berechnend ist er vorgegangen. Ich halte daher meinen Antrag von gestern voll und ganz aufrecht. Hier kann nur die Verhängung der Todesstrafe in Frage kommen. Und dies,« so fügte Haas hinzu, »ist wohl auch die einzige Sühne, die im Volke als gerecht anerkannt würde.«

»Möchten Sie noch etwas sagen«, fragte der Vorsitzende den Verteidiger Wethmar. Dieser schüttelte den Kopf.

»Ich bin ein verkommener Mensch«, sagte Willi Hübsche noch einmal. »Ich habe kein Interesse daran, den Fall Krahn zu verschleiern. Ich habe mich schon selbst zum Tode verurteilt.«

Das Schwurgericht verurteilte Willi Hübsche nach kurzer Beratung wegen vollendeten Mordes an dem Kaufmann Krahn zum Tode und zu lebenslänglichem Verlust der bürgerlichen Ehrenrechte, wegen des Totschlagversuchs und wegen Rückfalldiebstahls in vier vollendeten und zwei versuchten Fällen erkannte das Gericht auf eine Gesamtstrafe von 15 Jahren Zuchthaus und Sicherungsverwahrung.

»Es hat wohl nichts Schlimmeres und Gefährlicheres gegeben als diesen Spezialverbrecher«, setzte Richter Eckardt an. »An den Straftaten kann ja nun nach dem Geständnis des Angeklagten kein Zweifel mehr bestehen. Das Geld hat den Angeklagten auf die Verbrecherlaufbahn gebracht. Wenn er kein Geld hatte, begab er sich auf schlechte Wege. Er war nicht nur darauf aus, sich Wertsachen anzueignen, sondern heimkehrende Bewohner auch kaltblütig zu erschießen. Unzweifelhaft ist, dass er den Kaufmann Krahn mit voller Überlegung getötet, sich also des Mordes schuldig gemacht hat. Dafür gibt es nur eine gerechte Strafe. Die Todesstrafe. Immer werden Berufsverbrecher vor blitzschnell zu fassende Entscheidungen gestellt. Die Art der Verletzungen bei Krahn deutete einwandfrei darauf hin, dass der Tod von Hübsche gewollt gewesen war. Krahns Tod ist ein Schulbeispiel für den Paragrafen 214 des Strafgesetzbuches. Schwarze und Annamiten sind vom französischen Volk im Weltkrieg auf verwundete Deutsche in den Schützengräben losgelassen worden, um sie mit dem Messer zu töten. Diese haben aber als Soldaten auf Befehl gehandelt. Willi Hübsche hat aber einen bereits am Boden Liegenden in der gleichen Weise vom Leben zum Tod befördert. Er hat Krahn abgekillt, wie man einmal einen Ausdruck gebraucht hat. In der letzten Stunde hat sich vor dem Gericht ein Giftstrudel, eine Brutstätte niedrigster, beinahe tierischer Instinkte aufgetan, wie wohl niemals oder nur ganz selten vor einem deutschen Gericht. Niemals hätte der Angeklagte ohne den Tod des Bruders ein Geständnis abgelegt, er mag sich im übrigen den Tod des Bruders auf seine Karte setzen lassen. Hübsche ist ein Spezialist, er ist Villen- und Kellerdieb. Dazu gehört eine besondere Natur. Derartigen interlokalen Verbrechern kommt es nicht darauf an, ahnungslos nach Hause kommende Menschen über den Haufen zu knallen. Ihnen kommt es stets nur auf ihr eigenes Ich an. Niemals haben derartige Menschen ein Mitgefühl für ihre Opfer gezeigt, stets nur für sich selbst. Das Opfer lässt den Angeklagten völlig kalt. Nur durch einen Zufall ist nicht auch noch der junge Heitkamp auf der Strecke geblieben, der einen für seine Jugend bemerkenswerten Mut gezeigt hat. Die Sicherungsverwahrung muss gegen solche Leute, die sich selbst aus der Volksgemeinschaft ausgeschlossen haben, verhängt werden.«

Damit schloss die Sitzung.

Und so kommt auch die an Wendungen reiche Geschichte von Willi Hübsche langsam zum Ende. Das überraschende Geständnis seines Bruders und dessen tragischer Selbstmord könnte man schöner nicht erfinden. Einfach unglaublich. Ich jedenfalls kann die in den Quellen überlieferte Entwicklung kaum glauben. Ein Geständnis von lapidarer Kürze, aus Gewissensnot getätigt, adressiert an die Staatsgewalt? Mit unvollendeten Sätzen? Keine einzige Zeile an die Familie oder Freunde? Und nachdem Anton das Geständnis mündlich und schriftlich vorgelegt hat, kann er in seiner Gefängniszelle unbeobachtet Selbstmord begehen durch Schnitte in die Pulsadern und zusätzliches Erhängen? Spielte das alles der Justiz nicht etwas zu sehr in die Karten?

»Der junge Anton Hübsche hat nicht nur an sich selber, sondern auch für die Allgemeinheit ein gutes Werk getan«, kommentierte am Tag darauf voller Genugtuung der Essener Anzeiger. »Sein Leben war keinen Schuss Pulver mehr wert, aber er hat wenigstens Licht in eine dunkle Sache gebracht und viele um das deutsche Recht und das Wohl der Menschheit besorgte Männer von der Gewissenslast eines Indizienurteils befreit. Die Gemeinschaft des Volkes wird dem Urteil nun bedenkenlos zustimmen. Der gefährlichste Verbrecher des Ruhrgebietes geht dahin, wohin er schon lange gehört hätte. Kriminalpolizei und Staatsanwaltschaft hatten eine schwere und langwierige, aber saubere Arbeit geleistet, eine Arbeit, die das Vertrauen in diese Behörden nur festigen kann und allen beteiligten Beamten zur Ehre gereicht.«

26. Februar 1936

Tod und Verderben

Der Rest ist schnell erzählt. Zwar meldete Willi Hübsches Verteidiger Revision gegen das Urteil an. Diese wurde allerdings am 9. Januar 1936 vom Reichsgericht verworfen. Damit war das Urteil rechtskräftig. Am 26. Februar 1936, kurz vor seinem 33. Geburtstag am 1. März, wurde Willi Hübsche im Gefängnis in der Lübecker Straße 21 in Dortmund, im Volksmund Lübecker Hof genannt, mit dem Handbeil hingerichtet. Früh morgens, sechs dreiviertel Uhr, wie das Sterberegister verrät.

Aber keine wahre Geschichte kommt jemals an ihr Ende. Ist ein Faden abgeschnitten, geht es mit immer neuen Fäden weiter. Fortsetzung folgt. So verkündete die verwitwete Ursula Krahn, geborene Vogel, am 10. Dezember 1938 ihre neuerliche Verlobung. Sie hoffte neues Glück gefunden zu haben, diesmal mit dem Tierarzt Dr. Heinrich Hunke aus der Elisabethstraße in Münster. Sie heirateten am 6. Mai 1939. Diese Ehe hielt länger, war aber trotzdem nur von kurzer Dauer. Heinrich Hunke starb am 9. Februar 1944 mit 39 Jahren. »Im Osten« habe der Stabsveterinär, Inhaber des Kriegsverdienstkreuzes Zweiter Klasse, »den Heldentod gefunden«, behauptet die Traueranzeige. „Er fiel bei einem Bandenüberfall im Osten, nachdem er sich seit Beginn des Krieges in höchster soldatischer Pflichterfüllung in Polen, Frankreich und Russland für sein Vaterland eingesetzt hatte."

Noch mehr reizt die Lebensgeschichte von Willi Hübsches Richter zu Fortsetzungen der Recherche an. Denn war beim Prozess gegen Willi Hübsche der Angeklagte wirklich der größte Verbrecher im Raum? Adolf Hitler zeichnete am 7. November 1938 Landgerichtsdirektor Ernst Bruno Eckardt mit dem goldenen Treuedienst-Ehrenzeichen aus. Was für ein Mann das wohl war? Ein gesetzlicher Mörder. 61 Todesurteile ergingen unter seinem Vorsitz. Fast alle wurden vollstreckt. Gnadengesuche lehnte er zumeist ab. Seine Rechtsprechung ruft Gänsehaut hervor. Dortmund lag weitgehend in Trümmern, da verurteilten er und seine Beisitzer Ilse Mitze, ein junges Mädchen aus Hagen, wegen Plünderns zum Tode. Sie hatte bei Aufräumarbeiten nach einem Luftangriff am 1. Oktober 1943 einige Hemden, Strümpfe und Unterwäsche eines Hausgenossen an sich genommen. Die 19-Jährige wurde am 12. Mai 1944 mit dem Fallbeil enthauptet. Eckardt selbst starb am 28. Dezember 1945 im Alter von 65 Jahren in Staumühle bei Hövelhof, einem Internierungslager unter anderem für mutmaßliche Kriegsverbrecher und NSDAP-Funktionäre. Seine 1937 geschlossene Ehe war kinderlos geblieben.

Dank an

Kerstin Danne-Weyer, Jomi und Morten, Freunde und Familie, Joachim Geil, an alle beim Greven Verlag (Melanie Brockes, Dennis Janzen, Damian van Melis und Irene Zügner), an die Buchgestalterinnen Christina Schmid und Birgit Kappler. Dank immer noch an Jens Meifert, Stefan Sommer und die Kölnische Rundschau.

Erster Teil

Wildwest an Rhein und Ruhr
Die furiose Flucht der Heitger-Bande

Wie die Heitgers   *9*
Vorspiel bei den Schatzgräbern   *12*
Der Überfall auf den Geldboten   *22*
Der endliche Schatz   *29*
Die Entdeckung des Spähtrupps   *33*
Der Gladbecker Bankraub   *35*
Schüsse im Räubernest   *42*
Steckbrieflich gesucht   *48*
Hübsche und die Tänzerin   *51*
Flucht ins Gebirge   *57*
Der Einbruch ins Polizeipräsidium   *63*
Versteckt im Westen   *66*
Trügerische Stille   *69*
Der Verrat   *71*
Der Hinterhalt   *76*
Todeskampf im Auto   *80*
Schmitz gegen den Rest der Welt   *84*
Freigeschossen   *87*
Der große Straßenbahnraub   *93*
Schüsse in der Dunkelheit   *101*
In der Falle   *108*
Die letzte Schießerei   *115*
Im Krankenhaus   *134*
Tode und Beerdigungen   *137*
Tote ohne Segen   *141*
Erich Mühsam: Brüder. Dem Andenken der Brüder Heidger   *146*

Zweiter Teil

Der gefährlichste Verbrecher des Ruhrgebiets
Taten und Tod des Willi Hübsche

Der Gefangene singt *153*
Gute Vorschläge hinter Gittern *157*
Schatten des Zweifels *161*
Die Mühlen des Gesetzes *170*
Auf freiem Fuß in neuer Welt *181*
Fußspuren hinter der Palme *184*
Die Früchte körperlicher Ertüchtigung *186*
Preins Kleidungsstücke *189*
Krahns Ehe *190*
Die Kugel im Fleisch *195*
Die Schlinge zieht sich zu *201*
Recht und Unrecht *202*
Haas klagt an *210*
Auf des Teufels Schippe *216*
Confessio est regina probationum *218*
Tod und Verderben *231*

© Greven Verlag Köln, 2023

Lektorat: Joachim Geil, Köln
Gestaltung und Satz: Birgit Kappler, Bregenz,
und Christina Schmid, Stuttgart
Gesetzt aus der Bakery Script
und der Poynter Text Three
Papier: Munken Print Cream 90g
Druck und Bindung: Beltz Grafische Betriebe,
Bad Langensalza
Alle Rechte vorbehalten

ISBN 978-3-7743-0956-2

Detaillierte Informationen über
alle unsere Bücher finden Sie unter
www.greven-verlag.de